AF445569

Michael R. Bennett

FDD - Feature-Driven Development

Die Kunst effizienter, kollaborativer Software-Entwicklung

Inhaltsverzeichnis

I. Verständnis der funktionsgesteuerten Entwicklung

Einführung in FDD

Begeben Sie sich auf eine Reise durch die Entwicklung und den Einfluss von Feature-Driven Development (FDD). Von den frühen Anfängen und den wichtigsten Beweggründen bis hin zum aktuellen Status und der Verwendung in der modernen Entwicklung befasst sich dieser Abschnitt mit der Definition, den Prinzipien und den Prozessen, die FDD prägen. Sie erfahren, wie FDD die Zusammenarbeit im Team betont, Funktionen priorisiert und die Entwicklung durch seinen Fünf-Phasen-Prozess rationalisiert. Entdecken Sie die Rolle der Qualitätssicherung, der Skalierung und der Verwaltung von FDD sowie die Herausforderungen und Möglichkeiten der Integration von FDD in bestehende Prozesse. Seien Sie dabei, wenn wir die Rolle von FDD in agilen Umgebungen, seine Auswirkungen auf Produktivität und Effizienz sowie das Potenzial für zukünftiges Wachstum und Anpassungsfähigkeit in der sich ständig verändernden Landschaft der Softwareentwicklung aufdecken.

Die Wurzeln von Feature-Driven Development (FDD) reichen bis in die Mitte der 1990er Jahre zurück, als ein Team von Branchenexperten unter der Leitung von Jeff De Luca und Peter Coad diese Methodik formulierte. FDD revolutionierte die Softwareentwicklung, indem es die systematische Erstellung von Funktionen in den Mittelpunkt stellte. Bei diesem Ansatz stehen die Modellierung von Domänenobjekten, eine detaillierte Iterationsplanung und die Zuweisung der Verantwortung für Features im Vordergrund, um effiziente und effektive Entwicklungsprozesse zu gewährleisten.

Die Hauptmotivation hinter FDD war die zeitnahe Bereitstellung konkreter Softwarefunktionen, die die Anforderungen der Benutzer effektiv erfüllen. Die FDD-Entwicklung durchläuft verschiedene Phasen, die die Erstellung eines Gesamtmodells, die Zusammenstellung einer Funktionsliste, die Planung, den Entwurf, die Erstellung und den Abschluss des Projekts umfassen.

Im Vergleich zu Methoden wie Scrum und Extreme Programming hebt sich FDD durch die Betonung der Domänenmodellierung und eines funktionszentrierten Ansatzes ab. Gegenwärtig erfreut sich FDD einer spezialisierten, aber begeisterten Benutzerbasis, vor allem in Projekten, die eine klare Priorisierung der Funktionen und eine enge

Zusammenarbeit zwischen Entwicklern und Domänenexperten erfordern. Der strukturierte Rahmen und die ergebnisorientierte Methodik ziehen Teams an, die ein harmonisches Gleichgewicht zwischen Flexibilität und Solidität in der Software-Entwicklungspraxis suchen.

Wichtige Grundsätze und Konzepte der FDD

Feature-Driven Development (FDD) ist eine Softwareentwicklungsmethodik, die den Schwerpunkt auf die Funktionen des zu entwickelnden Systems legt. Sie beginnt mit der Entwicklung eines Gesamtmodells und einer Funktionsliste, gefolgt von der Planung, dem Entwurf und der systematischen Erstellung dieser Funktionen. Die Zusammenarbeit im Team steht im Mittelpunkt von FDD, wobei die effektive Kommunikation und Kooperation zwischen den Teammitgliedern für den Erfolg des Projekts entscheidend ist. Dieser kollaborative Ansatz gewährleistet, dass alle Teammitglieder auf ein gemeinsames Ziel hinarbeiten, was einen effizienteren und strafferen Entwicklungsprozess ermöglicht.

FDD ist ein fünfstufiger Prozess, der mit der Entwicklung eines Gesamtmodells beginnt, um einen Überblick über das System zu erhalten, und dann mit der Erstellung einer detaillierten Funktionsliste fortfährt. Es folgen Planung, Entwurf und Erstellung nach Merkmalen, die schließlich in einer Nachbereitungsphase gipfeln. In jeder dieser Phasen liegt der Schwerpunkt auf der schrittweisen und kontinuierlichen Bereitstellung von Funktionen, wodurch ein besser zu handhabender und anpassungsfähiger Entwicklungsprozess gefördert wird.

Ein weiterer wichtiger Aspekt der FDD ist die Qualitätssicherung, die sicherstellt, dass die entwickelten Funktionen den erforderlichen Standards und Spezifikationen entsprechen. Dazu gehört die Einführung von Testverfahren wie Testautomatisierung und kontinuierliche Integration, um die Qualität des Systems während des gesamten Entwicklungszyklus zu gewährleisten.

Wenn es darum geht, FDD für größere Projekte zu skalieren und zu verwalten, müssen sorgfältige Überlegungen hinsichtlich der Teamstruktur, der Ressourcenzuweisung und des Projektmanagements angestellt werden. Wenn diese Aspekte effektiv gehandhabt werden, kann FDD erfolgreich auf komplexere Projekte angewandt werden und ermöglicht es den Teams, die Herausforderungen zu meistern, die mit größeren Entwicklungsprojekten verbunden sind.

Die Bedeutung von FDD in der modernen Softwareentwicklung

Feature-Driven Development (FDD) ist eine unverzichtbare Methodik in der heutigen Landschaft der Softwareentwicklung, insbesondere in agilen Umgebungen. Als strukturierter und iterativer Ansatz spielt FDD eine entscheidende Rolle bei der Verbesserung der Effizienz und Effektivität von Entwicklungsprozessen. Durch die Aufteilung des Entwicklungszyklus in überschaubare Abschnitte ermöglicht FDD den Teams, Aufgaben systematisch anzugehen und so klare Ziele und optimierte Arbeitsabläufe zu fördern.

Eine der Hauptstärken der FDD liegt in ihrer Fähigkeit, sich in jeder Phase des Entwicklungszyklus auf bestimmte Merkmale zu konzentrieren. Dieser zielgerichtete Ansatz trägt nicht nur dazu bei, einen greifbaren Fokus aufrechtzuerhalten, sondern auch erheblich zur Verbesserung der Produktivität und zur Verringerung der Wahrscheinlichkeit einer schleichenden Ausweitung des Projektumfangs. Darüber hinaus stellt der kollaborative Charakter von FDD sicher, dass die Teammitglieder in ihren Bemühungen aufeinander abgestimmt sind, was die Kommunikation verbessert und ein gemeinsames Verständnis der Projektziele fördert.

Die Integration von FDD in bestehende Entwicklungsprozesse kann jedoch Herausforderungen mit sich bringen, insbesondere bei der Umstellung von anderen Methodologien. Die Anpassung kann Anpassungen in Teamstrukturen, Kommunikationsflüssen und allgemeinen Projektmanagementpraktiken erfordern. Trotz dieser Hürden überwiegen die Vorteile von FDD in Form von Produktivitätssteigerungen und gestrafften Entwicklungsprozessen oft die Herausforderungen bei der Integration, so dass FDD für Unternehmen, die ihre Softwareentwicklungspraktiken optimieren wollen, eine wertvolle Bereicherung darstellt.

Der Blick in die Zukunft zeigt, dass der zukünftige Umfang und die Anpassungsfähigkeit von FDD vielversprechend sind. Da sich die Softwareentwicklung immer weiter entwickelt, passt die Betonung von FDD auf iterativer Entwicklung, Zusammenarbeit und funktionsorientierter Bereitstellung gut zu der sich verändernden Dynamik der Branche. Der strukturierte Ansatz bietet eine solide Grundlage für Skalierbarkeit und Anpassungsfähigkeit und ist damit eine gute Wahl für Teams, die die Komplexität moderner Softwareentwicklungspraktiken meistern wollen.

Überblick über den FDD-Rahmen

Feature-Driven Development (FDD) ist ein robustes Framework für die Softwareentwicklung, das sich auf die iterative und inkrementelle Bereitstellung von Features konzentriert, die für den Erfolg des Softwareprojekts entscheidend sind. Bei dieser Methode liegt der Schwerpunkt auf der Modellierung von Domänenobjekten, der iterativen Softwareentwicklung und der Übernahme von Funktionen durch bestimmte Teams oder Einzelpersonen. Die Kernprinzipien von FDD drehen sich um die Schaffung einer soliden Grundlage für die Modellierung von Domänenobjekten, die

Förderung des iterativen Entwicklungsprozesses, die Zuweisung der Verantwortung für Features, die Beibehaltung eines konsistenten und klar definierten Prozesses und die regelmäßige Lieferung von Softwareinkrementen, um den Fortschritt zu gewährleisten.

Der Prozess der FDD umfasst verschiedene Schlüsselkomponenten, darunter die Durchsicht der Domäne, die Erstellung eines Gesamtmodells, die Zusammenstellung einer umfassenden Feature-Liste, die feature-basierte Planung und das Design, die iterative Feature-Konstruktion und abschließende Inspektionen vor der Fertigstellung der Features. Diese Phasen sind eng miteinander verbunden und bilden einen strukturierten und kohärenten Ansatz für die Softwareentwicklung. Die fünf Phasen des FDD-Prozesses - die Entwicklung eines Gesamtmodells, die Erstellung einer Feature-Liste, die Planung nach Features, der Entwurf nach Features und die Erstellung nach Features - sind allesamt entscheidende Schritte, die gemeinsam zum Erfolg des Projekts beitragen.

Feature-Listen in FDD spielen eine zentrale Rolle bei der Festlegung und Priorisierung der zu entwickelnden Features. Diese Listen leiten die Planung, die Verfolgung und den Gesamtfortschritt des Projekts und stellen sicher, dass das Team effektiv auf die Projektziele hinarbeitet. Die Zusammenarbeit im Rahmen von FDD wird durch die nahtlose Interaktion zwischen den verschiedenen Teammitgliedern, einschließlich Entwicklern, Designern, Testern und Stakeholdern, veranschaulicht. Diese Zusammenarbeit gewährleistet eine klare Kommunikation, ein gemeinsames Verständnis und eine effektive Koordination während des gesamten Projektlebenszyklus und fördert so ein kohärentes und produktives Arbeitsumfeld, das für eine erfolgreiche Softwareentwicklung unerlässlich ist.

FDD im Vergleich zu anderen Methoden

Dieser Abschnitt befasst sich mit der vielfältigen Landschaft der Softwareentwicklungsmethoden und geht auf die Feinheiten der Feature-Driven Development (FDD) ein. Indem wir FDD im Vergleich zu Agile, Waterfall und anderen gängigen Ansätzen untersuchen, decken wir die einzigartigen Stärken und Schwächen auf, die den Platz von FDD in der Branche definieren. Von der Effizienz und Anpassungsfähigkeit bis hin zu potenziellen Komplexitäten und Einschränkungen analysieren wir, wie sich FDD in Bezug auf Ressourcenmanagement, Zusammenarbeit und Projekterfolg insgesamt auszeichnet.

Feature-Driven Development (FDD) und Agile Methoden haben in ihrem iterativen Ansatz und der Betonung der Zusammenarbeit Gemeinsamkeiten, unterscheiden sich aber in den Details der Implementierung. FDD ist bekannt für seinen Fokus auf Domänenmodellierung und funktionsgesteuerte Prozesse und bietet einen strukturierten Rahmen, der Teams durch die Phasen der Funktionsidentifizierung, Planung, des Designs und der Implementierung führt. Diese Struktur sorgt für Klarheit und Vorhersehbarkeit in der Entwicklung, was für Teams, die an komplexen Projekten mit klar definierten Anforderungen arbeiten, von Vorteil sein kann.

Im Vergleich dazu legen agile Methoden wie Scrum und Kanban den Schwerpunkt auf Anpassungsfähigkeit und Reaktionsfähigkeit auf Veränderungen. Agile Frameworks beinhalten in der Regel kürzere Entwicklungszyklen, so genannte Sprints, in denen Funktionen schrittweise bereitgestellt werden. Dank dieser Flexibilität können agile Teams schnell auf sich ändernde Anforderungen und das Feedback von Interessengruppen reagieren. Das Fehlen eines detaillierten Feature-Planungsprozesses bei Agile kann es jedoch manchmal schwierig machen, eine klare Roadmap für die Feature-Bereitstellung zu erstellen.

Im Gegensatz zum Wasserfallmodell bieten FDD und Agile Methoden mehr Flexibilität und Anpassungsfähigkeit. Das Wasserfallmodell verfolgt einen linearen, sequenziellen Entwicklungsansatz, bei dem jede Phase (Anforderungen, Entwurf, Implementierung, Test, Wartung) abgeschlossen wird, bevor zur nächsten übergegangen wird. Diese Starrheit kann zu Problemen führen, wenn sich die Anforderungen mitten im Projekt ändern, da die Wiederholung früherer Phasen zeitaufwändig und kostspielig sein kann.

Die Stärke von FDD liegt in seinem systematischen Ansatz für die Bereitstellung von Funktionen, der es den Teams ermöglicht, den Kundennutzen zu priorisieren und Software inkrementell zu entwickeln. Im Gegensatz dazu kommt die Flexibilität von Agile bei Projekten zum Tragen, bei denen eine schnelle Anpassung an sich ändernde Marktbedingungen oder Anforderungen entscheidend ist. Die detailorientierten Planungs- und Entwurfsphasen von FDD sind besonders vorteilhaft für Projekte mit klar definierten Anforderungen und einem Bedarf an strukturierter Funktionsbereitstellung. Bei dynamischen Projektanforderungen oder hoher Unsicherheit kann sich die Anpassungsfähigkeit von Agile als effektiver erweisen, wenn es darum geht, schnell Werte zu liefern und auf sich verändernde Kundenanforderungen zu reagieren. Das Verständnis dieser Nuancen ist entscheidend für die Auswahl der richtigen Methodik, die auf den einzigartigen Kontext und die Ziele eines Projekts abgestimmt ist.

Feature-Driven Development (FDD) wurde entwickelt, um die Effizienz von Softwareentwicklungsprojekten zu optimieren, indem man sich auf die Erstellung einzelner Features konzentriert. Diese Methodik rationalisiert den Entwicklungsprozess, indem sie das Projekt in überschaubare Komponenten aufteilt, die Arbeit auf der Grundlage dieser Funktionen nach Prioritäten ordnet und sie systematisch wiederholt. Durch die Konzentration auf jeweils eine Funktion können die Teams ihre Produktivität steigern und schrittweise Werte schaffen.

Eine der Stärken von FDD liegt in seiner Anpassungsfähigkeit, die es den Teams ermöglicht, den Ansatz an ihre Projektanforderungen und ihre Teamdynamik anzupassen. Diese Anpassungsfähigkeit ermöglicht es Organisationen, FDD nahtlos in ihre bestehenden Arbeitsabläufe und Strukturen zu integrieren und dabei unterschiedliche Projektumfänge und -komplexitäten zu berücksichtigen.

In Bezug auf das Ressourcenmanagement zeichnet sich FDD dadurch aus, dass es klare Richtlinien für die Zuteilung und den effizienten Einsatz von Ressourcen bietet, um die Funktionen rechtzeitig zu liefern. Dieser fokussierte Ansatz steht im Gegensatz zu anderen Methoden, bei denen sich die Ressourcen auf mehrere Aspekte eines Projekts verteilen können, was zu Ineffizienz und Verzögerungen führen kann.

Die Erleichterung einer verbesserten Zusammenarbeit ist ein weiterer zentraler Aspekt von FDD, der eine bessere Kommunikation und Teamarbeit zwischen Entwicklern, Designern, Testern und anderen Beteiligten fördert. Durch die Förderung regelmäßiger Interaktionen und Feedbackschleifen stellt FDD sicher, dass alle Beteiligten an den Projektzielen und -fortschritten beteiligt sind, wodurch die Gesamtproduktivität und -qualität gesteigert wird.

Trotz ihrer Vorteile hat die FDD auch ihre Grenzen. Bei sehr großen oder komplexen Projekten kann der Prozess der Aufschlüsselung und Verwaltung von Funktionen unübersichtlich werden, was die Effizienz und Effektivität der Entwicklungsarbeit beeinträchtigen kann. Die Verwaltung von Abhängigkeiten und Interaktionen zwischen Funktionen in solchen Szenarien erfordert eine sorgfältige Planung und Koordination, um potenzielle Engpässe oder Konflikte zu vermeiden.

Darüber hinaus kann die Anwendung von FDD zu Komplexität führen, insbesondere wenn komplizierte Beziehungen zwischen den Merkmalen bestehen oder wenn sich Änderungen an einem Merkmal auf andere auswirken. Die Aufrechterhaltung von Klarheit und Kohärenz innerhalb des Feature-Sets ist entscheidend, um Verwirrung zu vermeiden und sicherzustellen, dass der Entwicklungsprozess effizient und überschaubar bleibt. Eine sorgfältige Überwachung und ein proaktives Management sind unerlässlich, um diese potenziellen Komplexitäten zu bewältigen und die Vorteile von FDD in Softwareentwicklungsprojekten zu wahren.

II. Die Phasen der funktionsgesteuerten Entwicklung

Überblick über die fünf FDD-Phasen

Der Übergang zwischen den verschiedenen Phasen eines Projekts ist ein kritischer Prozess, der sorgfältige Planung und Koordination erfordert. Von der Definition eines Gesamtmodells bis zum Abschluss eines Projekts spielt jede Phase eine entscheidende Rolle für den Erfolg des Gesamtprojekts. In diesem Abschnitt werden wir den Übergangsmechanismus untersuchen, der die Rolle der einzelnen Schritte beim Übergang zwischen den Phasen erklärt. Außerdem werden wir die Bedeutung einer effizienten Kommunikation, einer nahtlosen Übergabe, der Überwachung und des Feedbacks, der Minderung von Übergangsrisiken sowie der Schulung und des Aufbaus von Kapazitäten erörtern, um einen reibungslosen und erfolgreichen Übergangsprozess zu gewährleisten. Seien Sie dabei, wenn wir uns mit den komplizierten Details der Navigation durch die Projektphasen mit Präzision und Klarheit beschäftigen.

Eingehende Erläuterung der einzelnen Phasen und ihrer Ziele

Entwicklung eines Gesamtmodells: In der ersten Phase der funktionsorientierten Entwicklung (Feature-Driven

Development, FDD) wird ein Gesamtmodell entwickelt, das als Fahrplan für das Projekt dient. Dieses Modell umreißt den Umfang der Software, ihre wichtigsten Funktionen und die beteiligten Akteure. Durch ein klares Verständnis der Projektziele und -beschränkungen kann das Team seine Bemühungen auf ein gemeinsames Ziel ausrichten. In dieser Phase finden häufig Brainstorming-Sitzungen statt, in denen die Projektgrenzen festgelegt und potenzielle Risiken ermittelt werden.

Erstellung der Funktionsliste: Sobald das Gesamtmodell steht, geht das Team dazu über, eine detaillierte Funktionsliste zu erstellen. Diese Liste enthält alle Funktionen, die die Software bieten wird, wobei jede Funktion eine bestimmte Benutzeranforderung oder ein bestimmtes Systemverhalten abbildet. Die Feature-Liste ist ein wichtiges Dokument, das den Entwicklungsprozess leitet und sicherstellt, dass alle notwendigen Komponenten berücksichtigt werden. Durch die Zusammenarbeit mit den Beteiligten setzt das Team Prioritäten für die Funktionen auf der Grundlage ihrer Wichtigkeit und ihrer Abhängigkeiten.

Nach Merkmalen planen: Nachdem die Funktionsliste erstellt wurde, tritt das Team in die Planungsphase ein, in der es die Funktionen in kleinere, überschaubare Aufgaben aufteilt. Jede Funktion wird analysiert, um ihre Implementierungsstrategie, den Ressourcenbedarf und den Zeitplan zu bestimmen. Die Planung nach Funktionen ermöglicht einen strukturierten Ansatz für die Entwicklung, der es den Teams ermöglicht, Ressourcen effektiv zuzuweisen und den Fortschritt effizient zu verfolgen. In dieser Phase werden auch die Abhängigkeiten zwischen den Funktionen ermittelt, um den Entwicklungsprozess zu rationalisieren.

Entwurf nach Merkmalen - Ausführung: Im Anschluss an die Planungsphase geht es in der Phase Design by Feature Execution darum, konzeptionelle Ideen in detaillierte Entwürfe umzusetzen. Die Designer arbeiten eng mit den Entwicklern zusammen, um Entwürfe für jede Funktion zu erstellen und dabei die Benutzerfreundlichkeit, Skalierbarkeit und technische Machbarkeit zu berücksichtigen. Mockups der Benutzeroberfläche, Datenmodelle und Architekturdiagramme gehören zu den Artefakten, die in dieser Phase erstellt werden, um die Implementierung anzuleiten.

Aufbau nach Merkmalen: Beim Feature-Building liegt der Schwerpunkt auf einem iterativen und inkrementellen Ansatz für die Entwicklung. Die Entwickler implementieren die Funktionen in einer Reihe von kurzen Zyklen und konzentrieren sich dabei auf die Bereitstellung kleiner, funktionaler Inkremente der Software. Regelmäßige Tests und Rückkopplungsschleifen stellen sicher, dass jede Funktion die spezifizierten Anforderungen erfüllt und wie beabsichtigt funktioniert. Häufig werden Praktiken der kontinuierlichen Integration eingesetzt, um die entwickelten Funktionen nahtlos in das sich entwickelnde System zu integrieren.

Nachbereitungsphase: Die Nachbereitungsphase markiert den Abschluss der Funktionsentwicklung und die Bereitschaft für die nächste Phase des Projekts. In dieser Phase führt das Team eine umfassende Überprüfung aller Funktionen durch und behebt alle verbleibenden Probleme und Fehler. Die Dokumentation wird aktualisiert, um den endgültigen Stand der Software wiederzugeben, einschließlich Benutzerhandbücher, technische Spezifikationen und Versionshinweise. Die Projektbeteiligten werden einbezogen, um den Funktionsumfang zu genehmigen und Feedback für zukünftige Iterationen zu geben. Diese Phase fungiert als Übergangspunkt zwischen den Entwicklungszyklen und gipfelt in einer zusammenhängenden und gut vorbereiteten Softwareversion.

Hauptaktivitäten und Ergebnisse in jeder Phase

Die Definition eines Gesamtmodells im Rahmen der Feature-Driven Development (FDD) bildet die Grundlage für den gesamten Softwareentwicklungsprozess. In dieser Phase wird ein umfassender Überblick über die Architektur, die Komponenten und die Interaktionen des Systems erstellt. Sie umfasst die Identifizierung der wichtigsten Funktionalitäten, Benutzerrollen und Abhängigkeiten der Softwareanwendung. Durch die Definition eines zusammenhängenden Gesamtmodells erhalten die Entwicklungsteams ein klares Verständnis des Projektumfangs und der

Anforderungen, was eine effektive Planung und Zusammenarbeit erleichtert.

Die Erstellung einer Feature-Liste ist der nächste Schritt in der FDD, bei dem die Teams systematisch alle Features identifizieren, dokumentieren und priorisieren, die das Softwareprodukt bieten soll. Dieser Prozess umfasst das Sammeln von Beiträgen von Interessengruppen, die Analyse der Marktanforderungen und die Prüfung der technischen Machbarkeit. Die Feature-Liste dient als Fahrplan für die Entwicklung und gibt den Teams vor, auf welche Funktionalitäten sie sich in welcher Reihenfolge konzentrieren sollen.

Die Planung nach Funktionen ist eine entscheidende Phase, in der die Teams die Funktionsliste in überschaubare Aufgaben aufteilen, den Aufwand für jede Funktion schätzen, Ressourcen zuweisen und einen Entwicklungszeitplan erstellen. Dieser Ansatz ermöglicht einen detaillierteren und iterativen Entwicklungsprozess, der es den Teams ermöglicht, sich auf die schrittweise Bereitstellung von Werten zu konzentrieren.

Bei der funktionsbezogenen Entwicklung werden detaillierte Entwürfe für jede Funktion unabhängig voneinander erstellt. Die Teams befassen sich mit den Einzelheiten der Funktionsweise jeder Funktion und berücksichtigen dabei die Anforderungen an Benutzerfreundlichkeit, Skalierbarkeit und Integration. In dieser Phase wird sichergestellt,

dass jede Funktion mit dem Gesamtsystemdesign überein-
stimmt und mit den Projektzielen vereinbar ist.

Der Aufbau nach Funktionen beinhaltet die tatsächliche Im-
plementierung der zuvor identifizierten und entworfenen
Funktionen. Die Entwicklungsteams arbeiten iterativ an der
Kodierung, dem Testen und der Verfeinerung der einzelnen
Funktionen, um sicherzustellen, dass sie den Qualitätsstan-
dards entsprechen und den Projektumfang einhalten.

In der Nachbereitungsphase wird der Entwicklungsprozess
für die Funktionen abgeschlossen, indem alle implementierten Funktionen integriert, umfassende Tests durchgeführt,
alle offenen Fragen geklärt und das Softwareprodukt für
den Einsatz vorbereitet werden. Diese Phase ist entscheidend, um sicherzustellen, dass alle Funktionen nahtlos zusammenarbeiten und die Ziele und Anforderungen des Projekts erfüllen.

Reibungslose und effektive Übergänge zwischen den Phasen

Übergangsmechanismen in der Softwareentwicklung dienen als strukturierte Wege, die Teams durch den dynamischen Prozess des Übergangs von einer Phase zur nächsten
führen. Diese Mechanismen spielen eine entscheidende
Rolle bei der Gewährleistung eines reibungslosen und effizienten Projektfortschritts. Das Verständnis der Schritte

beim Übergang zwischen den Phasen ist entscheidend für die Aufrechterhaltung der Projektdynamik und die Vermeidung von Unterbrechungen im Arbeitsablauf.

Effektive Kommunikation ist ein Eckpfeiler bei Phasenübergängen, da sie den Austausch von Informationen, die Klärung von Anforderungen und die Abstimmung der Bemühungen der Teammitglieder erleichtert. Eine klare Kommunikation trägt dazu bei, Missverständnisse zu vermeiden und stellt sicher, dass sich alle Beteiligten über die Projektziele und -erwartungen im Klaren sind.

Die Vorbereitung einer nahtlosen Übergabe von einer Phase zur nächsten erfordert eine gründliche Planung, Dokumentation und Koordination zwischen den Teammitgliedern. Durch die Festlegung klarer Übergabeprozesse können Teams das Risiko von Informationsverlusten minimieren und die Kontinuität in der Projektentwicklung sicherstellen.

Überwachungs- und Feedback-Mechanismen spielen bei Phasenübergängen eine entscheidende Rolle, da sie in Echtzeit Einblicke in den Projektfortschritt gewähren und potenzielle Probleme frühzeitig aufdecken. Die Einführung regelmäßiger Kontrollen und Feedbackschleifen ermöglicht es den Teams, Herausforderungen umgehend anzugehen und die notwendigen Anpassungen vorzunehmen, um auf Kurs zu bleiben.

Die Abschwächung von Übergangsrisiken umfasst proaktive Risikomanagementstrategien zur Ermittlung und

Beseitigung potenzieller Engpässe oder Hindernisse, die den reibungslosen Ablauf der Arbeiten zwischen den Phasen behindern könnten. Durch die Vorwegnahme und Abschwächung von Risiken können Teams Verzögerungen verhindern und die rechtzeitige Fertigstellung von Projektmeilensteinen sicherstellen.

Schulung und Kapazitätsaufbau spielen eine wesentliche Rolle, wenn es darum geht, Teammitglieder mit den Fähigkeiten und Kenntnissen auszustatten, die sie benötigen, um die Übergänge zwischen den Phasen effektiv zu bewältigen. Die Bereitstellung angemessener Schulungsressourcen und Möglichkeiten zur Kompetenzentwicklung bereitet die Teammitglieder darauf vor, die Herausforderungen der Übergangsphasen zu bewältigen, und steigert ihre Gesamteffektivität, indem sie zum Projekterfolg beiträgt.

Ein gut ausgeführter Übergangsmechanismus umfasst eine klare Kommunikation, nahtlose Übergaben, eine wirksame Überwachung, Strategien zur Risikominderung und laufende Schulungen, um sicherzustellen, dass die Teams die Phasenübergänge erfolgreich bewältigen und qualitativ hochwertige Softwareprodukte effizient liefern können.

Praktischer Leitfaden für die Umsetzung der FDD

Der Einstieg in die funktionsgesteuerte Entwicklung erfordert eine solide Grundlage und eine klare Roadmap für den Erfolg. Indem Sie sich auf eine funktionsbasierte Designstrategie konzentrieren, können Sie sicherstellen, dass jeder Schritt klar definiert ist und die richtigen Prioritäten gesetzt werden. Effektive Kommunikation und Zusammenarbeit sind während des Erstellungsprozesses von zentraler Bedeutung, ebenso wie ordnungsgemäße Tests, Dokumentation und Überprüfungsprozesse. Dieser Abschnitt befasst sich mit der Bedeutung von FDD-Metriken, dem Einsatz von Tools zur Fortschrittsverfolgung und der Rolle regelmäßiger Teambesprechungen bei der Überwachung des Fortschritts und der Erleichterung einer effizienten Verwaltung. Darüber hinaus werden wir uns mit Strategien für den Umgang mit Hindernissen und Blockierern sowie mit der Bedeutung von kontinuierlichem Feedback für die Optimierung des Entwicklungsprozesses befassen. Seien Sie dabei, wenn wir die Grundlagen des FDD-Prozesses mit Finesse und Präzision entschlüsseln.

Tipps zur Bewältigung von Herausforderungen in jeder Phase

Im Bereich der funktionsgesteuerten Entwicklung (Feature-Driven Development, FDD) besteht ein Grundprinzip für den Erfolg darin, das Gesamtmodell vollständig zu erfassen, bevor man in den Entwicklungsprozess einsteigt. Dies bedeutet, dass man die Geschäftsziele, die Benutzeranforderungen und die technischen Einschränkungen verstehen muss, um jeden nachfolgenden Schritt effektiv zu steuern.

Die Ausarbeitung eines umfassenden und pragmatischen Plans ist unerlässlich. Gliedern Sie das Projekt in klare, erreichbare Schritte mit klar definierten Zielen und Zeitvorgaben. Durch die Konzentration auf eine funktionsbasierte Designstrategie kann das Entwicklungsteam Einfachheit und Klarheit während des gesamten Prozesses gewährleisten. Die Funktionen sollten akribisch detailliert, leicht verständlich und auf der Grundlage des Geschäftswerts und der Abhängigkeiten nach Prioritäten geordnet sein.

Effektive Kommunikation und Zusammenarbeit sind während der Bauphase von entscheidender Bedeutung. Die Teammitglieder müssen sich ständig über die neuesten Entwicklungen austauschen, Probleme umgehend angehen und sich über die Richtung des Projekts abstimmen, um Missverständnisse zu vermeiden und den Fortschritt zu optimieren. Darüber hinaus erleichtern regelmäßige Überprüfungen und Feedbackschleifen die kontinuierliche Verbesserung und die frühzeitige Fehlererkennung im Prozess.

Darüber hinaus ist die Einrichtung robuster Test-, Dokumentations- und Überprüfungsprozesse von entscheidender Bedeutung. Diese Mechanismen garantieren die Qualität und Zuverlässigkeit der Funktionen und tragen letztendlich zu einem erfolgreichen Endprodukt bei. Durch die sorgfältige Einhaltung dieser Praktiken können Teams die Komplexität der Softwareentwicklung mit Effizienz und Vertrauen meistern.

Feature-Driven Development (FDD)-Metriken dienen als wichtige Indikatoren für die Überwachung des Fortschritts und die Gewährleistung des erfolgreichen Abschlusses von Softwareprojekten. Diese Metriken bieten einen quantifizierbaren und datengesteuerten Ansatz zur Verfolgung verschiedener Aspekte des Entwicklungsprozesses, wie z. B. den Status der Feature-Fertigstellung, die Teamleistung und den allgemeinen Projektfortschritt. Durch den Einsatz von Tools zur Fortschrittsverfolgung können Teams ihre Fortschritte in Echtzeit visualisieren, Engpässe erkennen und fundierte Entscheidungen zur Optimierung der Workflow-Effizienz treffen.

Im Bereich der FDD spielen solche Tools eine zentrale Rolle, da sie Projektmanagern und Teamleitern einen umfassenden Überblick über den Entwicklungszyklus bieten. Sie ermöglichen eine bessere Ressourcenzuweisung, eine rechtzeitige Risikominderung und eine effektive Verwaltung der Projektzeitpläne. Regelmäßige Teambesprechungen verbessern diesen Prozess weiter, indem sie die offene Kommunikation, die Zusammenarbeit und die Synchronisierung der Bemühungen um gemeinsame Projektziele fördern. Diese Treffen dienen als Plattform für die Überprüfung des Fortschritts, die Erörterung von Herausforderungen und die gemeinsame Erarbeitung von Strategien zur Beseitigung von Hindernissen, die den Entwicklungsfortschritt behindern könnten.

Um Blockaden effektiv anzugehen und zu beseitigen, legen Teams im FDD-Prozess Wert auf Transparenz, Verantwortlichkeit und einen proaktiven Problemlösungsansatz. Durch die Förderung einer Kultur der kontinuierlichen Verbesserung können die Teams Herausforderungen effizienter bewältigen und sicherstellen, dass der Entwicklungsprozess auf Kurs bleibt. Darüber hinaus fördert die Einbeziehung von Feedbackschleifen in den FDD-Prozess eine Kultur des Lernens und der Anpassung, in der Erkenntnisse aus Benutzerfeedback, Tests und Team-Retrospektiven integriert werden können, um Funktionen zu verfeinern, die Produktqualität zu verbessern und die Entwicklungsarbeit zu rationalisieren. Durch die Einführung eines Feedbackgesteuerten Ansatzes können Teams ihre Prozesse optimieren, die Zusammenarbeit verbessern und letztendlich

hochwertige Softwarelösungen liefern, die auf die Bedürfnisse der Endbenutzer zugeschnitten sind.

III. Modellierung und Entwurf von Merkmalen in FDD

Grundlagen der Merkmalsmodellierung

Das Navigieren durch die komplizierte Landschaft der Funktionspriorisierung ist keine einfache Aufgabe. Vom Verständnis der Kritikalität über die Identifizierung von Abhängigkeiten bis hin zur Einbeziehung von Stakeholder-Input sind unzählige Faktoren im Spiel. In diesem Abschnitt werden wir uns damit befassen, wie die Kritikalität die Priorisierung von Funktionen beeinflusst, die Domänenanalyse zur Identifizierung von Funktionen untersuchen, Techniken zur Identifizierung von Funktionen erörtern, Abhängigkeiten von Funktionen ansprechen und den Wert des Inputs von Interessengruppen bei der Priorisierung hervorheben. Darüber hinaus werden wir verschiedene Modelle zur Priorisierung von Funktionen und ihre Auswirkungen untersuchen. Machen Sie sich bereit, die Komplexität des Projektmanagements zu entwirren und rüsten Sie sich mit den Werkzeugen aus, die Sie für eine effektive Priorisierung von Funktionen benötigen.

Die Kritikalität ist ein entscheidender Faktor, der den Prozess der Priorisierung von Funktionen in der Softwareentwicklung stark beeinflusst. Features, die als kritisch eingestuft werden, haben oft einen erheblichen Einfluss auf die Funktionalität, die Benutzererfahrung und den Erfolg des Gesamtsystems. Bei der Durchführung einer Domänenanalyse zur Identifizierung von Funktionen ist es wichtig, tief in die Geschäftsdomäne einzudringen, um die Kernziele, Benutzeranforderungen und Marktbedürfnisse aufzudecken. Durch die Ausrichtung der Feature-Identifikation auf die spezifische Domäne können Entwicklungsteams effektiv die wesentlichen Features identifizieren, die direkt zur Erfüllung der Geschäftsanforderungen beitragen.

Bei der Feature-Identifikation dienen Techniken wie Brainstorming-Sitzungen und die Erstellung von User Stories als wertvolle Werkzeuge zur Erstellung einer umfassenden Liste von Features, die verschiedene Aspekte der Software abdecken. Die Berücksichtigung von Funktionsabhängigkeiten ist bei der Priorisierung von entscheidender Bedeutung, um sicherzustellen, dass miteinander verknüpfte Funktionen effektiv verwaltet werden, um Verzögerungen oder Komplikationen bei der Entwicklung zu vermeiden.

Die Einbeziehung von Stakeholdern in den Priorisierungsprozess ist von grundlegender Bedeutung, da sie wertvolle

Einblicke in die geschäftlichen Prioritäten, die Benutzerpräferenzen und die Marktanforderungen liefert. Das Feedback der Stakeholder hilft bei der Priorisierung von Funktionen, die eng mit den übergreifenden Zielen des Projekts übereinstimmen. Modelle zur Priorisierung von Funktionen wie MoSCoW (Must have, Should have, Could have, Won't have) und Value vs. Cost Frameworks bieten strukturierte Ansätze zur Bewertung und Einstufung von Funktionen auf der Grundlage ihrer Kritikalität, ihres Werts für das Projekt und der damit verbundenen Kosten. Durch den Einsatz dieser Modelle können Entwicklungsteams fundierte Entscheidungen über die Priorisierung von Funktionen treffen und so sicherstellen, dass die wichtigsten Funktionen zuerst behandelt werden, um den Projekterfolg zu maximieren.

Erstellung von Funktionsmodellen für komplexe Softwareprojekte

Komplexität in Projekten zu verstehen ist ein vielschichtiges Unterfangen, das einen strategischen Ansatz erfordert. Die Identifizierung kritischer Merkmale in komplexen Systemen ist von entscheidender Bedeutung, da diese Komponenten oft den Schlüssel zum Projekterfolg darstellen. Durch die Identifizierung dieser kritischen Merkmale können die Teams ihren Fokus und ihre Ressourcen auf die wirklich wichtigen Dinge richten und so einen effizienten Fortschritt und eine hohe Wertschöpfung sicherstellen.

Die Zerlegung komplexer Funktionen in überschaubare Teile ist eine praktische Technik, die es Teams ermöglicht, schwierige Aufgaben schrittweise zu bewältigen. Durch die Zerlegung komplexer Funktionen in kleinere, besser handhabbare Teile können Teams komplizierte Herausforderungen mit Klarheit und Präzision bewältigen. Dieser Prozess vereinfacht nicht nur den Entwicklungsprozess, sondern fördert auch ein besseres Verständnis des gesamten Projektumfangs.

Die Priorisierung von Funktionen auf der Grundlage des Geschäftswerts ist für eine effiziente Ressourcenzuweisung und ein effizientes Projektmanagement unerlässlich. Indem sie die Entwicklung von Funktionen an den Geschäftszielen ausrichten, können Teams ihre Bemühungen optimieren und wirkungsvolle Ergebnisse liefern, die bei Stakeholdern und Endbenutzern gleichermaßen gut ankommen.

Die Verwendung der Abhängigkeitsanalyse für die Feature-Sequenzierung hilft bei der Festlegung der logischen Reihenfolge, in der die Features entwickelt werden sollten. Diese Analyse stellt sicher, dass voneinander abhängige Funktionen in der richtigen Reihenfolge behandelt werden, wodurch Engpässe minimiert und der Entwicklungsprozess rationalisiert wird.

Die Überprüfung und Validierung von Funktionsmodellen mit Stakeholdern ist entscheidend für die Projektabstimmung und die Zufriedenheit der Stakeholder. Durch die

Einbeziehung der Stakeholder in den Überprüfungsprozess
können die Teams die Funktionsmodelle validieren, wert-
volles Feedback einholen und die notwendigen Anpassungen vornehmen, um die Erwartungen der Stakeholder und
die Geschäftsanforderungen zu erfüllen. Dieser kooperative
Ansatz fördert die Transparenz, verbessert die Kommunikation und führt letztlich zu einem erfolgreicheren Projekt-
ergebnis.

Verknüpfung von Funktionen mit Benutzeranforderungen und Unternehmenszielen

Die Benutzeranforderungen stellen die grundlegenden Bedürfnisse und Präferenzen der Endbenutzer dar und dienen
als Kompass für den Entwicklungsprozess zur Erstellung
einer Softwarelösung, die auf ihre Erwartungen zugeschnitten ist. Diese Anforderungen werden aus verschiedenen
Quellen abgeleitet, z. B. aus Nutzerinterviews, Umfragen,
Feedback und Marktforschung, und sind entscheidend für
das Verständnis, welche Funktionen und Merkmale für die
Zielgruppe am nützlichsten und wertvollsten wären.

Umgekehrt fassen Geschäftsziele die übergreifenden Ziele
und strategischen Vorgaben des Unternehmens zusammen
und umfassen Aspekte wie Umsatzgenerierung, Marktex-
pansion, Kundenzufriedenheit und Wettbewerbspositio-
nierung. Die Funktionen einer Softwareanwendung sind

die Bausteine, die diese abstrakten Ziele in konkrete Funktionalitäten umsetzen, die direkt auf die Anforderungen der Benutzer zugeschnitten sind. Durch die Abstimmung der Funktionen auf die Bedürfnisse der Benutzer stellen die Entwickler sicher, dass die Software einen echten Nutzen für die vorgesehenen Benutzer bietet und so zur Verwirklichung der allgemeinen Unternehmensziele beiträgt.

Die Bewertung der Effektivität dieser Verknüpfung zwischen Benutzeranforderungen und Geschäftszielen beinhaltet die Verwendung verschiedener Metriken und Maßnahmen zur Bewertung der Auswirkungen und der Leistung der implementierten Funktionen. Metriken wie Benutzerakzeptanzraten, Klickraten, Konversionsraten, Analysen der Benutzerbindung und Umfragen zum Kundenfeedback können wertvolle Erkenntnisse darüber liefern, wie gut die Funktionen die Erwartungen der Benutzer erfüllen und die Geschäftsergebnisse fördern. Die regelmäßige Überwachung und Analyse dieser Metriken ermöglicht es den Entwicklungsteams, die Funktionen iterativ zu verfeinern und zu verbessern, um sie besser auf die Bedürfnisse der Benutzer und die Unternehmensziele abzustimmen und so den Gesamterfolg und die Lebensfähigkeit des Softwareprodukts zu verbessern.

Bewährte Praktiken bei der Gestaltung von Funktionen

Die Beherrschung des iterativen Prozesses ist der Schlüssel zum erfolgreichen Feature-Design. In diesem Abschnitt werden wir uns mit der Bedeutung von Feedback, den Vorteilen der kontinuierlichen Einbindung von Feedback, Strategien für effektive Iterationen und der Rolle von Iterationen bei der Verbesserung von Funktionen befassen. Indem wir verstehen, wann wir Iterationen stoppen und Feedback mit Verbesserungen im zukünftigen Design verknüpfen, können wir skalierbare und modulare Funktionen entwickeln, die Einfachheit vor Komplexität stellen.

Strategien für den Entwurf skalierbarer und wartbarer Funktionen

Das Verständnis der Skalierbarkeit beim Entwurf von Funktionen ist in der Welt der Softwareentwicklung von grundlegender Bedeutung. Dazu gehört ein ganzheitlicher Ansatz, der verschiedene wichtige Grundsätze und Praktiken umfasst.

Die Einführung von testgetriebener Entwicklung (TDD) als Teil des Funktionsdesigns stellt sicher, dass bei der Konstruktion von Funktionen das Testen im Vordergrund steht, wodurch Qualität und Wartbarkeit gefördert werden.

Durch das Schreiben von Tests vor der Implementierung von Funktionen legen die Entwickler klare Ziele fest und verbessern die Flexibilität des Codes, was für die Skalierbarkeit unerlässlich ist.

Parallel dazu spielt das Oberflächendesign eine entscheidende Rolle bei der Entwicklung von Funktionen, die intuitiv, anpassungsfähig und benutzerorientiert sind. Eine intuitive Schnittstelle verbessert nicht nur das Benutzererlebnis, sondern vereinfacht auch die Integration neuer Funktionen, wenn sich das System weiterentwickelt.

Ein weiterer entscheidender Aspekt der Skalierbarkeit ist die Implementierung von Modularität im Funktionsdesign. Bei diesem Ansatz werden komplexe Funktionen in kleinere, unabhängige Module aufgeteilt, was die Wiederverwendbarkeit, Wartbarkeit und Flexibilität fördert.

Wenn man bei der Entwicklung von Funktionen der Einfachheit den Vorzug vor der Komplexität gibt, wird nicht nur der Entwicklungsaufwand verringert, sondern auch die Skalierbarkeit des Systems verbessert. Wenn man der Einfachheit den Vorrang gibt, lassen sich unnötige Komplikationen vermeiden, die künftige Skalierungsbemühungen behindern könnten.

Kontinuierliches Refactoring ist eine wichtige Praxis, die sicherstellt, dass die Codebasis sauber, wartbar und anpassungsfähig bleibt. Durch regelmäßige Optimierung und Umstrukturierung des Codes können Entwickler

Redundanzen beseitigen, die Leistung verbessern und den Weg für Skalierbarkeit ebnen.

Ein umfassender Ansatz für die Skalierbarkeit bei der Entwicklung von Funktionen beinhaltet die Einführung von testgetriebener Entwicklung, die Konzentration auf das Schnittstellendesign, die Implementierung von Modularität, die Priorisierung von Einfachheit und kontinuierliches Refactoring. Diese vielschichtige Strategie stellt sicher, dass Softwarefunktionen nicht nur robust und skalierbar sind, sondern auch an die sich entwickelnden Bedürfnisse des Systems und seiner Benutzer angepasst werden können.

Einbeziehung von Feedback und Iteration in die Funktionsentwicklung

Kontinuierliches Feedback in der Softwareentwicklung ist ein Eckpfeiler für die Verbesserung von Funktionen. Durch die Integration von Feedback in den Entwicklungszyklus erhalten die Entwickler wertvolle Erkenntnisse, die iterative Verbesserungen ermöglichen und zu nutzerzentrierten und qualitativ hochwertigen Funktionen führen. Diese iterativen Verbesserungen dienen nicht nur der Verfeinerung bestehender Funktionen, sondern erleichtern auch die Einbindung neuer Funktionen und Verbesserungen auf der Grundlage von Benutzeranforderungen und Markttrends.

Zu den Strategien für eine effektive Iteration gehören die Einrichtung klarer Kanäle für die Erfassung von Feedback, die systematische Analyse von Feedbackdaten und die Priorisierung von Änderungen auf der Grundlage ihrer Auswirkungen auf die Benutzererfahrung und die Projektziele. Die aktive Einbeziehung von Stakeholdern, Benutzern und Teammitgliedern in den Feedback-Prozess fördert die Zusammenarbeit und stellt sicher, dass die resultierenden Iterationen mit der Projektvision und den Projektzielen übereinstimmen.

Iterationen spielen daher eine wichtige Rolle bei der Funktionsverbesserung, da sie den Entwicklern die Möglichkeit geben, auf Feedback einzugehen, Probleme zu korrigieren und Verbesserungen einzuführen, die die Gesamtqualität des Softwareprodukts erhöhen. Durch die Verknüpfung von Feedback mit zukünftigen Designverbesserungen schaffen die Entwickler einen Kreislauf der kontinuierlichen Verbesserung, der sicherstellt, dass jede Iteration den Funktionsumfang in Richtung eines verfeinerten und benutzerfreundlichen Zustands weiterentwickelt.

Die Entscheidung, wann eine Iteration beendet werden soll, ist ein kritischer Punkt im Entwicklungsprozess. Diese Entscheidung basiert oft auf dem Erreichen eines Gleichgewichts zwischen der Einhaltung von Projektfristen, der Erfüllung der Erwartungen der Interessengruppen und dem Erreichen eines zufriedenstellenden Niveaus der Funktionsfähigkeit. Die regelmäßige Bewertung des Feedbacks, die Überwachung der wichtigsten Leistungsindikatoren und die Bewertung der Auswirkungen der Iterationen sind Schlüsselfaktoren bei der Entscheidung, wann es angemessen ist, den Iterationszyklus abzuschließen und das Feature-Set für die Bereitstellung fertig zu stellen.

IV. Teamarbeit und Kommunikation in der FDD

Kollaborative Arbeitsumgebungen

Willkommen zum Abschnitt über Kommunikationswerkzeuge in FDD. In diesem Teil des Buches werden wir uns mit der Bedeutung einer klaren und konstanten Kommunikation in FDD-Teams befassen. Vom Verständnis der verschiedenen Kommunikationsmittel bis zur Einrichtung offener Kommunikationskanäle und der Förderung einer Lernkultur werden wir verschiedene Möglichkeiten zur Verbesserung der Teamkommunikation untersuchen. Darüber hinaus werden wir die Rolle von Kollaborationsplattformen, die Bedeutung regelmäßiger Teambesprechungen und den Wert von Feedback-Mechanismen für die kontinuierliche Verbesserung diskutieren. Tauchen Sie ein in die Welt der effektiven Kommunikationswerkzeuge und -techniken für erfolgreiche FDD-Projekte.

Die Bedeutung einer effektiven Kommunikation zwischen den Teammitgliedern

Im Kontext der Feature-Driven Development (FDD) kann die Rolle einer klaren und konstanten Kommunikation nicht hoch genug eingeschätzt werden. Effektive Kommunikation ist ein Eckpfeiler erfolgreicher Teamarbeit und stellt sicher, dass alle Teammitglieder hinsichtlich der

Projektanforderungen, des Fortschritts und der Herausforderungen auf dem gleichen Stand sind. In FDD-Teams erleichtert eine klare Kommunikation den Austausch von Ideen, Feedback und Wissen, was wiederum zu einer effizienteren Zusammenarbeit und besseren Entscheidungsprozessen führt.

Einer der wichtigsten Vorteile einer effektiven Kommunikation in Teams ist die Vermeidung von Missverständnissen und Unklarheiten. Durch die Förderung eines Umfelds, in dem sich die Teammitglieder wohl fühlen, wenn sie ihre Gedanken und Bedenken äußern, können Probleme umgehend angegangen werden, was die Wahrscheinlichkeit von Fehlern und Nacharbeit verringert. Darüber hinaus verbessert eine klare Kommunikation die Moral des Teams, da sich die Mitglieder wertgeschätzt, gehört und in die Entwicklung des Projekts einbezogen fühlen.

Der Einfluss der Kommunikation auf den Projekterfolg ist tiefgreifend. Projekte, bei denen eine klare und kontinuierliche Kommunikation zwischen den Teammitgliedern im Vordergrund steht, erreichen ihre Ziele in der Regel effektiver, halten Termine ein und liefern qualitativ hochwertige Ergebnisse. Indem alle Beteiligten während des gesamten Projektlebenszyklus informiert und einbezogen werden, können Teams proaktiv auf Risiken reagieren und sich bei Bedarf an Änderungen anpassen.

Trotz dieser Vorteile können innerhalb von FDD-Teams Kommunikationsprobleme auftreten. Dazu können unterschiedliche Kommunikationsstile, Zeitzonenunterschiede in verteilten Teams oder eine unzureichende Dokumentation der Anforderungen gehören. Um diese Hindernisse zu überwinden, können Teams verschiedene Strategien anwenden. Regelmäßige Teamsitzungen, sowohl synchrone als auch asynchrone, können Gelegenheit zur Diskussion und Abstimmung bieten. Der Einsatz von Kommunikationsmitteln wie Projektmanagement-Software, Instant-Messaging-Plattformen und Videokonferenzen kann die Zusammenarbeit und den Informationsaustausch in Echtzeit erleichtern. Die Förderung der funktionsübergreifenden Zusammenarbeit und die Schaffung einer Kultur der offenen Kommunikation durch teambildende Maßnahmen können auch die zwischenmenschlichen Beziehungen und das Vertrauen zwischen den Teammitgliedern stärken.

Klare und konstante Kommunikation ist ein entscheidender Bestandteil einer erfolgreichen Feature-Driven Development. Indem sie die Bedeutung einer effektiven Kommunikation erkennen, Herausforderungen proaktiv angehen und Strategien zur Verbesserung der Teamzusammenarbeit implementieren, können FDD-Teams ihre Prozesse optimieren, die Projektergebnisse verbessern und eine Kultur der kontinuierlichen Verbesserung und Innovation fördern.

Die Einrichtung offener Kommunikationskanäle ist ein Grundpfeiler für erfolgreiche Teamarbeit in der Feature-Driven Development (FDD). In FDD-Teams, in denen die Zusammenarbeit an erster Stelle steht, ist eine transparente und effektive Kommunikation ein entscheidender Dreh- und Angelpunkt für den Projekterfolg. Durch die Förderung einer Umgebung, in der sich die Teammitglieder ermutigt fühlen, Ideen zu äußern, Bedenken zu äußern und Informationen offen auszutauschen, können FDD-Teams ihre Arbeitsabläufe optimieren, die Problemlösung verbessern und Vertrauen zwischen den Teammitgliedern aufbauen.

Im Kontext der FDD spielt gegenseitiges Vertrauen eine zentrale Rolle bei der Gestaltung der Teamdynamik. Wenn die Teammitglieder den Fähigkeiten, Absichten und Entscheidungen der anderen vertrauen, ist es wahrscheinlicher, dass sie nahtlos zusammenarbeiten, sich gegenseitig unterstützen und mit Zuversicht auf gemeinsame Ziele hinarbeiten. Dieses Vertrauen bildet eine solide Grundlage für eine reibungslosere Kommunikation, höhere Produktivität und die Fähigkeit, Herausforderungen gemeinsam zu bewältigen.

Die Förderung der gemeinsamen Entscheidungsfindung innerhalb von FDD-Teams ist auch entscheidend für den Aufbau eines Gefühls der Eigenverantwortung und der Rechenschaftspflicht. Wenn die Teammitglieder aktiv in den Entscheidungsfindungsprozess einbezogen werden, fühlen sie sich stärker in die Projektergebnisse eingebunden und sind eher bereit, ihr Fachwissen und ihre Erkenntnisse einzubringen. Dieser kollaborative Ansatz führt nicht nur zu besser informierten Entscheidungen, sondern fördert auch ein stärkeres Gefühl der Einheit und Zielstrebigkeit innerhalb des Teams.

Die Förderung einer Lernkultur in FDD-Teams ist der Schlüssel zur Förderung von kontinuierlichem Wachstum und Anpassung. In einem dynamischen Bereich wie der Softwareentwicklung, in dem neue Technologien und Methoden schnell auftauchen, ist die Förderung einer Kultur, die Lernen, Experimentieren und Reflektieren schätzt, unerlässlich. Indem die Teammitglieder ermutigt werden, nach Wachstumsmöglichkeiten zu suchen, Wissen zu teilen und sowohl aus Erfolgen als auch aus Misserfolgen zu lernen, können FDD-Teams eine Kultur der Innovation und Agilität kultivieren.

Die Aufrechterhaltung eines regelmäßigen Feedback-Mechanismus ist entscheidend für die Förderung kontinuierlicher Verbesserungen und die Steigerung der Teamleistung. Durch konstruktives Feedback können die Teammitglieder Wachstumsbereiche identifizieren, Herausforderungen proaktiv angehen und ihre Prozesse für bessere Ergebnisse feinabstimmen. Regelmäßige Feedbackschleifen helfen nicht nur bei der Kurskorrektur, sondern fördern auch eine Kultur der offenen Kommunikation, der Verantwortlichkeit und der gegenseitigen Unterstützung innerhalb von FDD-Teams.

Zum Verständnis der Teamdynamik in der FDD gehört im Wesentlichen die Schaffung einer Umgebung, in der offene Kommunikation, gegenseitiges Vertrauen, gemeinsame Entscheidungsfindung, eine Lernkultur und regelmäßige Feedback-Mechanismen im Vordergrund stehen. Durch die Förderung dieser Aspekte der Teamzusammenarbeit können FDD-Teams ihre Effizienz, Effektivität und Anpassungsfähigkeit in der sich ständig weiterentwickelnden Landschaft der Softwareentwicklung verbessern.

Werkzeuge und Techniken zur Verbesserung der Teamkommunikation

Kommunikationswerkzeuge spielen eine entscheidende Rolle für den Erfolg eines jeden Projekts, insbesondere im Rahmen der Feature-Driven Development (FDD). Das Verständnis der verschiedenen verfügbaren Kommunikationsmittel und deren effektive Nutzung ist der Schlüssel zur Aufrechterhaltung einer nahtlosen Zusammenarbeit innerhalb des Teams. Durch die Nutzung verschiedener

Kommunikationskanäle wie Instant Messaging, E-Mails, Videokonferenzen und Projektmanagement-Plattformen können die Teammitglieder effizient interagieren und bleiben über den Projektfortschritt auf dem Laufenden.

Plattformen für die Zusammenarbeit wie Slack, Microsoft Teams, Asana oder Trello erleichtern die Kommunikation in Echtzeit, die Aufgabenzuweisung und die Projektverfolgung. Diese Tools verbessern die Teamkoordination, rationalisieren Arbeitsabläufe und bieten einen zentralen Ort für den Austausch von Informationen und Aktualisierungen. Außerdem bieten sie Funktionen wie Dateifreigabe, Benachrichtigungen und die Integration mit anderen Tools zur Optimierung der Teamproduktivität.

Regelmäßige Teambesprechungen sind unerlässlich, um ein Gefühl der Zusammengehörigkeit zu fördern und sicherzustellen, dass alle Teammitglieder an den Projektzielen und -meilensteinen ausgerichtet sind. Diese Treffen erleichtern die offene Kommunikation, fördern den Ideenaustausch, sprechen Engpässe oder Bedenken umgehend an und bieten eine Plattform, um Erfolge zu feiern und Probleme gemeinsam zu lösen.

Dokumentationswerkzeuge wie Confluence, Google Docs oder Notion sind für die Speicherung von Projektinformationen, Entwicklungsrichtlinien und Besprechungsnotizen sehr nützlich. Sie helfen dabei, Wissen zu bewahren, die Konsistenz innerhalb des Teams zu gewährleisten und als

Referenzpunkt für zukünftige Diskussionen oder Entscheidungsprozesse zu dienen.

Feedback-Mechanismen spielen eine entscheidende Rolle bei der Förderung der kontinuierlichen Verbesserung innerhalb des Teams. Durch das Sammeln von Feedback von Teammitgliedern, Stakeholdern und Benutzern können Teams Bereiche mit Verbesserungsbedarf identifizieren, Bedenken ausräumen und Änderungen zur Optimierung ihrer Kooperationsprozesse umsetzen. Feedback-Mechanismen können verschiedene Formen annehmen, z. B. Umfragen, Einzelgespräche, Retrospektiven oder in regelmäßige Teamsitzungen integrierte Feedback-Sitzungen.

Die effektive Nutzung von Kommunikationswerkzeugen, Plattformen für die Zusammenarbeit, regelmäßigen Teambesprechungen, Dokumentationswerkzeugen und Feedback-Mechanismen sind wesentliche Komponenten für die Aufrechterhaltung einer klaren und effizienten Kommunikation innerhalb eines FDD-Teams. Diese Elemente verbessern nicht nur die Projektabwicklung, sondern fördern auch eine Kultur der Transparenz, Zusammenarbeit und kontinuierlichen Verbesserung innerhalb des Teams.

Funktionsübergreifende Zusammenarbeit

Das Navigieren in den dynamischen Gewässern von funktionsübergreifenden FDD-Teams erfordert ein empfindliches Gleichgewicht von Zusammenarbeit und Kommunikation. In diesem Kapitel werden wir untersuchen, wie wichtig es ist, Rollen zu definieren, einen offenen Dialog zu fördern und effektive Strategien zur Förderung der Integration innerhalb Ihres Teams zu implementieren. Von der Identifizierung von Konfliktauslösern bis hin zur Nutzung von Feedbackschleifen werden wir uns mit den üblichen Herausforderungen in funktionsübergreifenden Umgebungen befassen und Lösungen zur Verbesserung der Teamdynamik anbieten.

Integration von Entwicklern, Testern und Designern in FDD-Teams

Die Definition von Rollen innerhalb von FDD-Teams (Feature-Driven Development) ist von grundlegender Bedeutung für eine effiziente Feature-Entwicklung. Durch eine klare Abgrenzung der Verantwortlichkeiten von Entwicklern, Testern und Designern können Teams die Stärken jedes Mitglieds nutzen, um qualitativ hochwertige Software zu liefern. Die Zusammenarbeit zwischen diesen Rollen ist von entscheidender Bedeutung, da sie sicherstellt, dass die Entwickler die Designabsicht verstehen, die Tester die implementierten Funktionen validieren und die Designer sich an die technischen Einschränkungen anpassen.

Kommunikationsstrategien spielen eine herausragende Rolle bei der Förderung der funktionsübergreifenden Integration innerhalb von FDD-Teams und überbrücken die Kluft zwischen verschiedenen Disziplinen. Regelmäßige Besprechungen, gemeinsame Dokumentation und die Verwendung von Tools für die Zusammenarbeit wie Slack oder Jira fördern den Wissensaustausch und die Abstimmung auf die Projektziele. Die Förderung von Transparenz und eine Kultur des offenen Feedbacks erleichtern konstruktive Gespräche und verbessern den Teamzusammenhalt.

Zu wirksamen Integrationsstrategien gehören die Festlegung gemeinsamer Ziele, die Förderung einer Kultur des gegenseitigen Respekts und ein gemeinsames Gefühl der Verantwortung für die Projektergebnisse. Eine kontinuierliche Messung und Verbesserung der Integrationseffektivität kann durch Feedback-Schleifen, die Überprüfung von Leistungskennzahlen und gezielte Schulungsprogramme zur Verbesserung der Kooperationsfähigkeiten erreicht werden.

Trotz dieser Bemühungen kann es bei der Integration funktionsübergreifender Teams zu allgemeinen Herausforderungen kommen, z. B. zu widersprüchlichen Prioritäten,

Kommunikationssilos und unterschiedlichen Auslegungen von Anforderungen. Die proaktive Bewältigung dieser Herausforderungen durch strukturierte Konfliktlösungen, Sitzungen zur Klärung von Rollen und Schulungen zur effektiven Kommunikation kann Hindernisse aus dem Weg räumen und eine reibungslosere Zusammenarbeit in FDD-Teams gewährleisten. Indem sie der Kommunikation, der Rollenklarheit und der Teamarbeit Priorität einräumen, können Unternehmen die Prozesse der Feature-Entwicklung verbessern und erfolgreiche Projektergebnisse erzielen.

Strategien zur Lösung von Konflikten und zur Maximierung der Teamproduktivität

Das Erkennen von Konfliktauslösern ist für die Aufrechterhaltung eines harmonischen Arbeitsumfelds unerlässlich. Das Erkennen von subtilen Hinweisen wie Missverständnissen, unterschiedlichen Arbeitsstilen oder widersprüchlichen Prioritäten kann dazu beitragen, potenziellen Konflikten vorzubeugen, bevor sie eskalieren. Indem sie diese Auslöser frühzeitig ansprechen, können Teams die Auswirkungen von Meinungsverschiedenheiten abmildern und verhindern, dass sie den Fortschritt behindern.

Die Förderung einer offenen Kommunikation ist ein Eckpfeiler einer erfolgreichen Zusammenarbeit. Wenn Teammitglieder das Gefühl haben, dass sie ihre Ideen, Bedenken und Perspektiven äußern können, fördert dies eine Kultur des Vertrauens und der Transparenz. Die Schaffung eines sicheren Raums für den Dialog ermöglicht einen konstruktiven Gedankenaustausch und fördert das Verständnis zwischen den Teammitgliedern.

Regelmäßige Teambesprechungen dienen als Plattform für die Abstimmung von Zielen, den Austausch von Neuigkeiten und die Stärkung der Teamdynamik. Diese Treffen bieten den Teammitgliedern die Möglichkeit, ihre Standpunkte darzulegen, Herausforderungen zu diskutieren und gemeinsam Lösungen zu erarbeiten. Durch die Einführung einer Routine für Teambesprechungen können Unternehmen den Kommunikationsfluss verbessern und sicherstellen, dass alle auf derselben Seite stehen.

Die Förderung der Zusammenarbeit ist der Schlüssel zur Nutzung des vielfältigen Fachwissens innerhalb eines Teams. Die Förderung des Wissensaustauschs, der funktionsübergreifenden Zusammenarbeit und der gegenseitigen Unterstützung stärkt das Gefühl der Einheit und der gemeinsamen Leistung. Wenn Teammitglieder effektiv zusammenarbeiten, können sie ihre individuellen Stärken nutzen und effizienter auf gemeinsame Ziele hinarbeiten.

Konfliktlösungstechniken spielen eine entscheidende Rolle bei der konstruktiven Bewältigung von Konflikten. Techniken wie aktives Zuhören, durchsetzungsfähige

Kommunikation und Verhandlungen können dazu beitragen, Meinungsverschiedenheiten gütlich beizulegen und für beide Seiten vorteilhafte Vereinbarungen zu treffen. Indem sie Teammitglieder und Führungskräfte mit Fähigkeiten zur Konfliktlösung ausstatten, können Organisationen eine Kultur des Respekts und der Zusammenarbeit fördern.

Der Einsatz von Feedback-Schleifen bietet einen Mechanismus zur kontinuierlichen Verbesserung und Verbesserung der Kommunikation innerhalb von Teams. Durch die Einrichtung von Feedback-Kanälen für den Austausch von Erkenntnissen, Vorschlägen und Bedenken können Unternehmen wertvolle Anregungen sammeln, um Probleme umgehend anzugehen und Prozesse iterativ zu verfeinern. Feedback-Schleifen fördern eine Kultur des ständigen Lernens, der Anpassung und des Wachstums innerhalb von Teams.

Durch die proaktive Identifizierung von Konfliktauslösern, die Förderung einer offenen Kommunikation, regelmäßige Teambesprechungen, die Förderung der Zusammenarbeit, den Einsatz wirksamer Konfliktlösungstechniken und die Nutzung von Feedbackschleifen können Unternehmen ein günstiges Umfeld für Teamarbeit, Innovation und Erfolg schaffen. Diese Praktiken tragen dazu bei, widerstandsfähige Teams zu bilden, die in der Lage sind, Herausforderungen zu meistern, Konflikte zu lösen und gemeinsame Ziele effektiv zu erreichen.

V. Umsetzung von FDD in der Praxis

Fallstudien und Erfolgsgeschichten

Um sich auf die Reise der Feature-Driven Development (FDD) zu begeben, ist ein gründliches Verständnis der kritischen Komponenten erforderlich, die zu deren Erfolg beitragen. In diesem Abschnitt werden wir uns mit dem Kontext und dem Überblick über FDD-Implementierungen befassen und die erzielten Vorteile, die Herausforderungen und die Strategien zur Überwindung dieser Herausforderungen erörtern. Wir werden auch die kritischen Teamrollen, die Bedeutung einer angemessenen Schulung, die richtige Identifizierung und Priorisierung von Funktionen, eine transparente Kommunikation, die Integration der Qualitätssicherung und die Bedeutung der Aufrechterhaltung der Flexibilität während des gesamten Implementierungsprozesses untersuchen. Seien Sie dabei, wenn wir durch die Feinheiten von FDD navigieren und die Schlüsselfaktoren aufdecken, die den Erfolg ausmachen.

Beispiele aus der Praxis für erfolgreiche FDD-Implementierungen

Feature-Driven Development (FDD) bietet einen strukturierten Ansatz für die Softwareentwicklung, der in verschiedenen Fallstudien aus der Praxis gezeigt wurde. Diese Beispiele unterstreichen die Fähigkeit der Methode, effizient hochwertige Softwareprodukte zu liefern. Oftmals stellt FDD einen Paradigmenwechsel gegenüber traditionellen Methoden dar und fördert die schnelle Entwicklung von Funktionen und eine strenge Qualitätssicherung. Der Kontext dieser Implementierungen ist sehr unterschiedlich und reicht von Startup-Unternehmen bis hin zu etablierten Konzernen.

Die Vorteile von FDD-Implementierungen sind beträchtlich und umfassen eine kürzere Markteinführungszeit, ein verbessertes Umfangsmanagement und eine höhere Kundenzufriedenheit. Der systematische Funktionsentwicklungsprozess, der von der Modellerstellung bis zur Überprüfung nach der Implementierung reicht, gewährleistet einen fokussierten und iterativen Entwicklungszyklus. Außerdem fördert der kooperative Charakter von FDD die Teamarbeit, den Wissensaustausch und die kontinuierliche Verbesserung innerhalb der Entwicklungsteams.

Bei der Umsetzung von FDD können jedoch Herausforderungen auftreten, wie z. B. sich ändernde Anforderungen, enge Fristen und widersprüchliche Prioritäten der Beteiligten. Um solche Hindernisse zu überwinden, beinhalten Strategien zur Abschwächung agile Praktiken, transparente Kommunikationskanäle und anpassungsfähige Planungsrahmen. Zu den kritischen Erfolgsfaktoren für FDD gehören eine klare Verantwortlichkeit für die Funktionen, robuste

Testprotokolle und proaktive Risikomanagement-Strategien, die eine Anpassung an die Projektziele und die Erwartungen der Interessengruppen gewährleisten.

Durch die Nutzung von Erkenntnissen aus Fallstudien, das Verständnis der Vorteile, die Anerkennung von Herausforderungen und die Implementierung von Best Practices können Unternehmen FDD-Implementierungen optimieren, um in der sich ständig weiterentwickelnden Softwareentwicklungslandschaft nachhaltig erfolgreich zu sein.

Lehren aus der Anwendung von FDD in verschiedenen Projekten

Das Verständnis der kritischen Teamrollen in der FDD

Feature-Driven Development (FDD) unterstreicht die Bedeutung der Schlüsselrollen im Team, um die effiziente Bereitstellung von Software-Features zu gewährleisten. Der Projektmanager überwacht den Projektzeitplan, die Ressourcenzuweisung und das gesamte Projektmanagement. Der Chefarchitekt ist für die Definition der technischen Architektur verantwortlich, die den Softwarefunktionen zugrunde liegt. Der Development Manager koordiniert die Arbeit des Entwicklungsteams, verwaltet Zeitpläne und sorgt für die rechtzeitige Fertigstellung der Aufgaben. Der Feature Team Lead leitet eine Gruppe von Entwicklern, die sich auf bestimmte Funktionen konzentrieren, führt sie durch den Entwicklungsprozess und sorgt für die Anpassung an die Projektziele.

Die Bedeutung einer angemessenen FDD-Ausbildung

Eine angemessene Schulung in FDD ist für die Teammitglieder von größter Bedeutung, damit sie die Prinzipien, Praktiken und Prozesse der Methodik verstehen. Die Schulung ermöglicht es den Teams zu verstehen, wie Funktionen im Rahmen von FDD entwickelt, geplant und bereitgestellt werden. Durch die Investition in Schulungen können Teams ihre Entwicklungsabläufe optimieren, die Produktivität steigern und qualitativ hochwertige Softwarelösungen liefern.

Wert der korrekten Identifizierung und Priorisierung von Merkmalen

Die richtige Identifizierung und Priorisierung von Funktionen ist für den Erfolg eines Softwareprojekts nach der FDD-Methodik von grundlegender Bedeutung. Die korrekte Identifizierung von Funktionen umfasst das Sammeln von Anforderungen, die Analyse von Benutzerbedürfnissen und die Definition klarer Funktionsspezifikationen. Die Priorisierung von Funktionen ist wichtig, um den Entwicklungsaufwand an den Unternehmenszielen auszurichten, die Ressourcen auf hochwertige Funktionen zu konzentrieren und einen effizienten Fortschritt im Entwicklungszyklus zu gewährleisten.

Die Bedeutung einer häufigen und transparenten Kommunikation

Häufige und transparente Kommunikation innerhalb von FDD-Teams ist entscheidend für die Aufrechterhaltung der Abstimmung, die rasche Lösung von Problemen und die Förderung der Zusammenarbeit. Eine klare Kommunikation stellt sicher, dass alle Teammitglieder über die Projektziele, die Anforderungen an die Funktionen und den aktuellen Stand der Arbeiten informiert sind. Durch die Förderung offener Kommunikationskanäle können Teams Herausforderungen effektiv angehen, Wissen austauschen und eine kohärente Arbeitsumgebung aufrechterhalten.

Notwendigkeit der Integration der Qualitätssicherung in FDD

Die Integration von Qualitätssicherungspraktiken in den FDD-Prozess ist entscheidend für die Gewährleistung der Zuverlässigkeit, Funktionalität und Leistung von Softwarefunktionen. Qualitätssicherungsaktivitäten wie Tests, Code-Reviews und die Verfolgung von Qualitätsmetriken helfen dabei, Fehler frühzeitig im Entwicklungszyklus zu erkennen und zu beheben. Durch die Einbettung von Qualitätssicherungsprozessen in den FDD-Prozess können Teams die Produktqualität verbessern, Nacharbeit

reduzieren und robuste und benutzerfreundliche Softwarelösungen liefern.

Beibehaltung der Flexibilität bei der FDD-Implementierung

Die Flexibilität bei der FDD-Implementierung ermöglicht es
den Teams, sich an veränderte Anforderungen, Marktbedingungen und Technologielandschaften anzupassen. Indem sie flexibel bleiben, können Teams auf sich verändernde Kundenbedürfnisse reagieren, Feedback iterativ
einbeziehen und die Prioritäten von Funktionen bei Bedarf
anpassen. Flexibilität ermöglicht es den Teams, agil zu sein,
fundierte Entscheidungen auf der Grundlage aktueller Informationen zu treffen und Softwarelösungen zu liefern, die
die Erwartungen der Beteiligten erfüllen.

Herausforderungen und Lösungen

Die Einführung von Feature-Driven Development (FDD)
erfordert ein tiefes Verständnis der Prinzipien und der notwendigen Werkzeuge und Infrastruktur. Umfassende Schulungen und Workshops sind unerlässlich, um Teams auf die
detaillierte Planung und Vorbereitung vorzubereiten, die
für eine erfolgreiche FDD-Implementierung erforderlich
sind. Der Widerstand gegen Veränderungen kann jedoch
eine große Hürde darstellen, die Teams überwinden müssen, um den Implementierungsprozess effektiv zu

gestalten. In diesem Abschnitt werden wir uns mit den entscheidenden Schritten befassen, die bei der Bewertung der aktuellen Entwicklungspraktiken, der Anpassung der FDD-Prozesse an die Teamstrukturen und -fähigkeiten, der Abstimmung von FDD mit bestehenden Tools und Frameworks und der Erstellung eines maßgeschneiderten FDD-Implementierungsplans zur Berücksichtigung der projektspezifischen Anforderungen erforderlich sind.

Um die funktionsorientierte Entwicklung (Feature-Driven Development, FDD) effektiv zu implementieren, ist ein tiefes Verständnis ihrer Kernprinzipien unerlässlich. FDD betont die iterative und inkrementelle Entwicklung von Features und konzentriert sich darauf, den Stakeholdern einen greifbaren Wert zu liefern. Dieser Ansatz erfordert ein Umdenken hin zu einer funktionszentrierten Entwicklung, bei der die Funktionen die primäre Arbeitseinheit darstellen.

Die Verfügbarkeit geeigneter Tools und Infrastrukturen ist für die Unterstützung des FDD-Prozesses unerlässlich. Dazu gehören Tools für Feature-Tracking, Versionskontrolle, Zusammenarbeit und Automatisierung. Eine robuste Infrastruktur hilft den Teams, nahtlos und effizient zu arbeiten, damit der Entwicklungsprozess reibungslos abläuft.

Umfassende Schulungen und Workshops spielen eine wichtige Rolle, wenn es darum geht, die Teammitglieder mit den notwendigen Fähigkeiten und Kenntnissen auszustatten, damit sie FDD einführen können. In den Schulungen können FDD-Grundsätze, bewährte Verfahren und praktische Übungen behandelt werden, um die Teammitglieder mit dem Prozess vertraut zu machen.

Eine detaillierte Vorbereitung und Planung sind für den Erfolg von FDD von grundlegender Bedeutung. Die Teams müssen Zeit in die Definition von Funktionen, deren Aufteilung in überschaubare Aufgaben, die Schätzung des Aufwands und die Priorisierung der Arbeit investieren. Eine gründliche Planung bildet eine solide Grundlage für eine reibungslose Ausführung und erfolgreiche Lieferung.

Widerstand gegen Veränderungen ist eine häufige Herausforderung bei der Einführung von FDD in Teams, die an andere Methoden gewöhnt sind. Um diesen Widerstand zu überwinden, sind wirksame Strategien für das Veränderungsmanagement erforderlich, z. B. eine klare Kommunikation, die Einbeziehung der wichtigsten Interessengruppen, Schulungsprogramme und eine schrittweise Einführung, um den Übergang zu erleichtern.

Die Einführung von Praktiken des Veränderungsmanagements ist entscheidend für die Bewältigung und Überwindung von Widerständen in Teams. Veränderungsinitiativen müssen klar kommuniziert werden, wobei der

Schwerpunkt auf den Vorteilen von FDD sowohl für die einzelnen Teammitglieder als auch für die Organisation als Ganzes liegen sollte. Die Ermutigung zu offener Kommunikation, die Förderung der Zusammenarbeit und die Unterstützung während des gesamten Veränderungsprozesses können den Teams helfen, die neue Arbeitsweise anzunehmen und sich ihr anzupassen.

Anpassung der FDD an spezifische Projektanforderungen und -beschränkungen

Die Bewertung der aktuellen Entwicklungspraktiken ist ein entscheidender Schritt bei der Einführung von Feature-Driven Development (FDD) in einer bestehenden Softwareentwicklungsumgebung. Diese Bewertung umfasst die Evaluierung der Methoden, Prozesse und Werkzeuge, die derzeit in der Organisation verwendet werden. Durch das Verständnis der Stärken und Grenzen der aktuellen Praktiken können die Teams Bereiche identifizieren, in denen die FDD-Prinzipien effektiv integriert werden können, um die Effizienz und das Ergebnis zu verbessern.

Das Verständnis der Projektspezifikationen ist für den Erfolg von FDD von zentraler Bedeutung. Klar definierte und dokumentierte Projektspezifikationen bilden die Grundlage für die Feature-Entwicklung und leiten das gesamte Team durch den Prozess. Es ist wichtig, dass die Teams ein gemeinsames Verständnis der Projektanforderungen haben, um sicherzustellen, dass die entwickelten Funktionen eng mit der Vision und den Bedürfnissen des Kunden übereinstimmen.

Die Anpassung der FDD-Prozesse an die Teamstruktur und -fähigkeiten beinhaltet die Bewertung der Fähigkeiten und des Fachwissens der Teammitglieder und deren Zuordnung zu den entsprechenden Rollen innerhalb des FDD-Rahmens. Möglicherweise müssen Teams geschult oder weitergebildet werden, um FDD-Praktiken effektiv nutzen zu können. Die Anpassung des FDD-Prozesses an die Struktur und die Fähigkeiten des Teams erhöht die Wahrscheinlichkeit einer erfolgreichen Feature-Entwicklung und eines erfolgreichen Projektabschlusses.

Der Abgleich von FDD mit bestehenden Tools und Frameworks ist entscheidend für einen reibungslosen Übergang zu FDD. Unternehmen sollten ihr aktuelles Toolset und ihre Infrastruktur bewerten, um kompatible Tools und Integrationspunkte für FDD-Praktiken zu identifizieren. Diese Abstimmung ermöglicht es den Teams, die vorhandenen Tools effizient zu nutzen und gleichzeitig die FDD-Prinzipien nahtlos in ihren Arbeitsablauf zu integrieren.

Die Integration von projektspezifischen Anforderungen in die FDD-Phasen beinhaltet die Anpassung des FDD-Prozesses an die besonderen Anforderungen des Projekts. Die Flexibilität innerhalb des FDD-Rahmens ermöglicht es den

Teams, sich an spezifische Projektanforderungen anzupassen und gleichzeitig die Kernprinzipien der funktionsorientierten Entwicklung einzuhalten. Diese Anpassung stellt sicher, dass der FDD-Ansatz agil bleibt und auf die Feinheiten jedes Projekts eingeht.

Die Erstellung eines maßgeschneiderten FDD-Implementierungsplans ist für die erfolgreiche Einführung von FDD in einer Organisation unerlässlich. Dieser Plan sollte spezifische Schritte für die Integration von FDD-Praktiken skizzieren, einschließlich Schulungsplänen, Prozessänderungen und Ressourcenzuweisungen. Durch die Entwicklung eines maßgeschneiderten Implementierungsplans können Teams die Komplexität der Umstellung auf FDD bewältigen und eine solide Grundlage für zukünftige Feature-Entwicklungsprojekte schaffen.

Insgesamt sind eine gründliche Bewertung, das Verständnis der Projektspezifikationen, die Anpassung an die Struktur und die Fähigkeiten des Teams, der Abgleich mit den vorhandenen Tools, die Einbeziehung der projektspezifischen Anforderungen und die Erstellung eines maßgeschneiderten Implementierungsplans die Schlüsselelemente für die effektive Einführung von Feature-Driven Development in die Softwareentwicklungsprozesse eines Unternehmens. Durch die sorgfältige Berücksichtigung dieser Aspekte können Teams ihre Entwicklungspraktiken optimieren und ihre

Fähigkeit, qualitativ hochwertige Softwareprodukte zu liefern, verbessern.

VI. Qualitätssicherung und Tests in FDD

Bedeutung der QA in FDD

Bei der Softwareentwicklung geht es nicht nur um das Schreiben von Code, sondern auch darum, sicherzustellen, dass die von uns erstellten Funktionen einwandfrei funktionieren. In diesem Abschnitt befassen wir uns mit dem entscheidenden Aspekt des Verständnisses des Funktionskontextes, der Integration von Tests in die Entwicklung und der Betonung der Notwendigkeit von Tests während der Codierungsphase. Wir werden auch die Bedeutung von Testautomatisierung, kontinuierlicher Testimplementierung, iterativem Feedback und Verbesserungen zur Steigerung der Softwarequalität untersuchen. Darüber hinaus werden wir Continuous Integration definieren, seine Rolle in der Feature-Driven Development (FDD) untersuchen, die Vorteile der Integration von CI in FDD diskutieren und die Herausforderungen bei der CI-Implementierung besprechen. Bereiten Sie sich darauf vor, tief in die Welt des Testens und der Integration einzutauchen, während wir die wichtigsten Praktiken und Prozesse aufdecken, die für die Erstellung robuster und qualitativ hochwertiger Software unerlässlich sind.

Das Verständnis des Kontexts von Funktionen ist bei der Softwareentwicklung von zentraler Bedeutung, da es eine detaillierte Analyse der Funktionsweise dieser Funktionen innerhalb des Softwaresystems erfordert. Dieser Prozess hilft bei der Bestimmung der Abhängigkeiten, Wechselwirkungen und potenziellen Auswirkungen der einzelnen Funktionen auf die Gesamtfunktionalität des Systems.

Die Integration von Tests während der Kodierungsphase ist von wesentlicher Bedeutung, da sie die kritische Rolle des Testens in jeder Phase der Entwicklung hervorhebt. Durch die frühzeitige Einbindung von Tests können die Entwickler Probleme sofort erkennen und beheben und so verhindern, dass sie sich später im Entwicklungszyklus zu komplexen Problemen auswachsen. Dieser Ansatz gewährleistet die Zuverlässigkeit und Stabilität des Softwareprodukts.

Die Testautomatisierung ist von großer Bedeutung, insbesondere für sich wiederholende und komplizierte Funktionen innerhalb der Software. Automatisierte Tests tragen dazu bei, den Testprozess zu rationalisieren, die Effizienz zu steigern und die Konsistenz der Testverfahren zu wahren. Durch die Automatisierung von Tests können Entwickler die Tests einfach wiederholen und so sicherstellen, dass die Funktionen weiterhin korrekt funktionieren, wenn sich die Codebasis weiterentwickelt.

Die Implementierung kontinuierlicher Tests ist entscheidend für die frühzeitige Erkennung von Softwarefehlern. Durch die kontinuierliche Durchführung von Tests während des gesamten Entwicklungsprozesses können die Entwickler Probleme sofort erkennen, so dass sofortige Korrekturen möglich sind. Dieser iterative Ansatz beim Testen fördert ein schnelles Feedback und erleichtert die laufende Verbesserung der Software.

Iteratives Feedback und Verbesserungen, die durch kontinuierliche Tests ermöglicht werden, spielen eine wichtige Rolle bei der Verbesserung der Softwarequalität. Durch kontinuierliches Testen und Feedback können die Entwickler iterative Verbesserungen an Funktionen vornehmen, Probleme oder Lücken beheben und die Gesamtleistung und Robustheit des Softwareprodukts verbessern. Dieser iterative Testprozess verbessert nicht nur die Qualität der Software, sondern erhöht auch die Kundenzufriedenheit, indem er ein zuverlässigeres und ausgefeilteres Endprodukt liefert.

Implementierung der kontinuierlichen Integration für effiziente QA-Prozesse

Die kontinuierliche Integration (Continuous Integration, CI) ist ein Eckpfeiler der Feature-Driven Development (FDD). Sie gewährleistet die nahtlose Integration der einzelnen Feature-Entwicklungen in ein gemeinsames Repository, fördert regelmäßige automatisierte Tests und unmittelbare Feedbackschleifen. Die Verbindung mit FDD bringt verschiedene Vorteile mit sich, z. B. eine bessere Zusammenarbeit im Team, eine schnellere Identifizierung von Problemen und eine allgemeine Verbesserung der Softwarequalität.

Die Integration von KI in FDD erfordert die Einrichtung eines KI-Servers, die Erstellung automatisierter Tests für jedes Feature und die Konfiguration des Systems, um diese Tests bei jeder Codeänderung auszuführen und so eine solide Testumgebung zu schaffen. Die Herausforderungen, die sich in dieser Integrationsphase ergeben, können sich auf die Einrichtung der Infrastruktur, die Testabdeckung für mehrere Funktionen und die Verwaltung komplexer Abhängigkeiten zwischen den Funktionen beziehen.

Die Aufrechterhaltung eines optimierten CI-Prozesses im Rahmen von FDD erfordert regelmäßige Überprüfungen und Verfeinerungen. Dies beinhaltet die Überwachung und Verbesserung der Build-Leistung, die Verbesserung der Testabdeckung und die Verfeinerung der Feedback-Mechanismen. Durch die konsequente Verbesserung der CI-Pipeline profitieren die Teams von einer höheren operativen Effizienz, kürzeren Entwicklungszyklen und einer konsistenten Bereitstellung qualitativ hochwertiger Softwareprodukte, die in der heutigen dynamischen Softwarelandschaft von entscheidender Bedeutung für den Erfolg sind.

Testautomatisierung in FDD

Willkommen zu dem Abschnitt, der sich mit der Testautomatisierung in der Feature Driven Development (FDD) beschäftigt. Während wir in die Welt der Automatisierung von Testprozessen eintauchen, werden wir die Vorteile des automatisierten Testens, die Integration der Automatisierung in FDD, die für die Testautomatisierung verfügbaren Tools und die entscheidende Rolle des Teams in diesem Prozess untersuchen.

Darüber hinaus werden wir die Implementierung von Continuous Integration, den Einsatz von CI-Tools zur Testautomatisierung, die Bedeutung regelmäßiger Code-Reviews, die Sicherstellung der Vollständigkeit von Funktionen vor dem Weiterarbeiten, die Priorisierung von Fehlerbehebungen, die Einbeziehung von Benutzerfeedback und die Einhaltung von Codierungsstandards diskutieren. Bleiben Sie dran, wenn wir die Schlüsselkomponenten einer erfolgreichen Testautomatisierung in FDD aufdecken.

Bei der Testautomatisierung werden Software-Tools eingesetzt, um die Ausführung von Tests zu automatisieren und die tatsächlichen Ergebnisse mit den erwarteten Ergebnissen zu vergleichen. Sie beschleunigt die Testprozesse, sorgt für eine gründliche Abdeckung, erhöht die Genauigkeit und erleichtert die frühzeitige Fehlererkennung im Rahmen der Feature-Driven Development (FDD).

Automatisierte Tests, die in FDD integriert sind, rationalisieren die Testphase in allen Phasen der Funktionsentwicklung. Teams können von einer kürzeren Testdauer, einer breiteren Testabdeckung, einer verbesserten Präzision und einer schnellen Identifizierung von Softwareanomalien profitieren. Die Anbindung an automatisierte Tests ist von zentraler Bedeutung für die Aufrechterhaltung der Zuverlässigkeit und Qualität von Funktionen während des gesamten FDD-Prozesses.

Für die Testautomatisierung in FDD steht eine Fülle von Tools zur Verfügung, darunter weit verbreitete Optionen wie Selenium, JUnit, TestNG und Cucumber. Diese Tools unterstützen die Erstellung von automatisierten Testfällen, die Ausführung von Tests und die Erstellung detaillierter Berichte über die Testergebnisse.

Im Rahmen von FDD ist die Zusammenarbeit des Teams für eine erfolgreiche Integration der Testautomatisierung unerlässlich. Das Team arbeitet zusammen, um kritische Testszenarien zu identifizieren, automatisierte Testskripte zu entwickeln und zu pflegen, effektive Testsuiten zusammenzustellen und die Testergebnisse zu analysieren. Effektive Kommunikation und Teamarbeit sind von größter Bedeutung, um die nahtlose Implementierung der Testautomatisierung in FDD-Projekten zu gewährleisten und die Lieferung von Softwareprodukten höchster Qualität zu garantieren.

Bewährte Verfahren zur Aufrechterhaltung von Qualitätsstandards während der gesamten Entwicklung

Um die kontinuierliche Integration effektiv umzusetzen, sollten Teams CI-Tools nutzen, um den Testprozess zu automatisieren und schnelles Feedback zu Codeänderungen zu erhalten. Diese Praxis verbessert die Codequalität und identifiziert Probleme frühzeitig im Entwicklungszyklus.

Regelmäßige Code-Reviews sind unerlässlich, um Codierungsstandards aufrechtzuerhalten und die Konsistenz der gesamten Codebasis zu gewährleisten. Durch häufige Überprüfungen können Teams potenzielle Probleme angehen, Wissen austauschen und die Zusammenarbeit zwischen den Teammitgliedern verbessern.

Die Priorität der Vollständigkeit von Funktionen ist entscheidend für die Bereitstellung von Qualitätssoftware.

Teams sollten sich vergewissern, dass alle Komponenten eines Features vollständig implementiert sind und die festgelegten Anforderungen erfüllen, bevor sie zur nächsten Aufgabe übergehen. Diese Praxis verringert die Wahrscheinlichkeit, dass das Endprodukt unvollständige oder schlecht implementierte Funktionen enthält.

Der Behebung von Fehlern sollte hohe Priorität eingeräumt werden, um die Anhäufung von technischen Schulden zu verhindern. Die zeitnahe Behebung von Fehlern verbessert nicht nur die Stabilität der Software, sondern verhindert auch die Einführung neuer Probleme während der Entwicklung von Funktionen.

Die Einbeziehung von Nutzerfeedback ist für die Entwicklung nutzerorientierter Anwendungen unerlässlich. Durch die Einbeziehung der Endnutzer in die Test- und Feedbackzyklen wird sichergestellt, dass die Software ihren Bedürfnissen und Erwartungen entspricht, was zu einem erfolgreicheren Produkt führt.

Die Einhaltung von Kodierungsstandards ist für die Qualität und Lesbarkeit des Codes unerlässlich. Durch die Einhaltung vereinbarter Kodierungskonventionen können Teams die Wartbarkeit des Codes verbessern, die Zusammenarbeit erleichtern und die Softwarequalität insgesamt verbessern.

VII. Skalierung von FDD für komplexe Projekte

Strategien zur Skalierung von FDD

Die Navigation in der komplizierten Welt der Feature-Driven Development (FDD) stellt größere Teams vor besondere Herausforderungen. Von der Anpassung der Kommunikationsstrategien bis hin zur Implementierung eines effizienten Zeitplanmanagements muss jeder Aspekt sorgfältig bedacht und angepasst werden. In diesem Abschnitt befassen wir uns mit der Komplexität der Ressourcenzuweisung, der zentralen Rolle der Projektmanager, der kontinuierlichen Überwachung und dem empfindlichen Gleichgewicht zwischen Flexibilität und Kontrolle in skalierenden FDD-Umgebungen. Erforschen Sie mit uns Strategien zur Risikominderung und zur Verfeinerung der Projektmanagement-Tools, um umfangreiche FDD-Projekte erfolgreich zu bewältigen.

Anpassung von FDD für größere Teams und umfangreichere Projekte

Die Herausforderungen von Teams verstehen: Bewältigung der besonderen Hürden für größere Teams:

Größere Teams stoßen auf Kommunikationsprobleme, Koordinationsschwierigkeiten und potenzielle Konflikte aufgrund der zunehmenden Komplexität und Vielfalt.

Anpassung der Kommunikationsstrategien: Anpassen der Kommunikationsmethoden an die Teamgröße:

Größere Teams profitieren von der Einrichtung klarer Kommunikationskanäle, dem Einsatz von Projektmanagement-Tools, regelmäßigen Sitzungen und der Förderung einer Kultur der Transparenz und Offenheit.

Verteilen der Feature-Verantwortung: Aufteilung der Verantwortung für die Entwicklung von Funktionen auf größere Teams:

Die Zuweisung der Verantwortung für eine Funktion fördert die Verantwortlichkeit, die Zusammenarbeit und den Austausch von Fachwissen innerhalb größerer Teams und gewährleistet so die effektive Bereitstellung von Funktionen und die Ausrichtung auf die Projektziele.

Implementierung der Priorisierung von Merkmalen: Einführung eines Verfahrens zur Priorisierung von Funktionen in umfangreichen Projekten:

Die Priorisierung von Funktionen hilft bei der Fokussierung der Teamarbeit, der Optimierung der Ressourcenzuweisung und der rechtzeitigen Bereitstellung wertvoller Funktionen, wodurch die Projektergebnisse in größeren Teams verbessert werden.

Modifizierung des Ressourcenmanagements: Optimierung der Ressourcenzuweisung für eine expansive Projektentwicklung:

Zu einer effizienten Ressourcenverwaltung gehört es, Fähigkeiten zu ermitteln, die Arbeitsbelastung auszugleichen, Engpässe vorherzusehen und die Strategien für die Ressourcenzuweisung an den Umfang und die Bedürfnisse größerer Projekte anzupassen.

Verfeinerung der Projektmanagement-Tools: Überarbeitung von Werkzeugen und Techniken zur effektiven Verwaltung größerer Projekte:

Größere Teams profitieren von der Verwendung skalierbarer Projektmanagement-Tools, der Einrichtung klarer Arbeitsabläufe, der Implementierung agiler Praktiken und der regelmäßigen Bewertung und Anpassung von Projektmanagement-Prozessen für eine optimale Leistung.

Verwaltung von Ressourcen und Zeitplänen in skalierten FDD-Umgebungen

Bei der funktionsorientierten Entwicklung (Feature-Driven Development, FDD) ist das Verständnis der Ressourcenzuweisung ein entscheidender Aspekt für den Projekterfolg. Durch eine effektive Ressourcenzuweisung wird sichergestellt, dass die richtigen Personen mit den erforderlichen

Fähigkeiten für bestimmte Aufgaben eingesetzt werden, um die Effizienz und Produktivität zu maximieren. In skalierten FDD-Umgebungen kommt den Projektmanagern eine zentrale Rolle bei der Überwachung des Ressourcenmanagements zu. Sie müssen sicherstellen, dass die Ressourcen effektiv auf Teams, Projekte und Aufgaben verteilt werden.

Die kontinuierliche Überwachung und Anpassung von Plänen ist bei FDD unerlässlich, um auf sich ändernde Anforderungen und Prioritäten reagieren zu können. Die Projektmanager müssen den Projektstatus, die Ressourcennutzung und den Fortschritt regelmäßig überprüfen, um fundierte Entscheidungen über Anpassungen des Plans zu treffen. Dieser iterative Ansatz hilft dabei, die Projektdynamik aufrechtzuerhalten und sich an die sich verändernden Anforderungen anzupassen.

Ein effizientes Zeitplanmanagement ist bei FDD-Projekten entscheidend für die rechtzeitige Bereitstellung von Funktionen. Projektmanager müssen realistische Zeitpläne erstellen, Aufgaben nach Prioritäten ordnen und Ressourcen angemessen zuweisen, um die Fristen einzuhalten. Sie sollten den Fortschritt aktiv verfolgen, Engpässe erkennen und die notwendigen Anpassungen vornehmen, um das Projekt auf Kurs zu halten.

Die Minderung von Risiken in großen FDD-Projekten erfordert einen proaktiven Ansatz. Projektmanager sollten gründliche Risikobewertungen durchführen, potenzielle Probleme frühzeitig erkennen und Strategien zur Risikominderung entwickeln. Regelmäßige Risikoprüfungen und eine Notfallplanung tragen dazu bei, die Auswirkungen unvorhergesehener Ereignisse auf die Projektdurchführung zu minimieren.

Um Flexibilität und Kontrolle in großen FDD-Projekten in Einklang zu bringen, muss ein empfindliches Gleichgewicht zwischen Anpassungsfähigkeit und Struktur gefunden werden. Projektmanager müssen klare Prozesse, Richtlinien und Kommunikationskanäle einrichten und gleichzeitig flexibel auf sich ändernde Projektanforderungen reagieren können. Dieses Gleichgewicht ermöglicht es den Teams, Innovationen und Anpassungen vorzunehmen und gleichzeitig die Kontrolle über die Projektergebnisse zu behalten.

Organisatorische Überlegungen

Um die Komplexität der Skalierung von FDD zu bewältigen, ist ein strategischer Ansatz erforderlich, der über eine bloße Vergrößerung des Teams hinausgeht. In diesem Abschnitt werden wir die verschiedenen Strategien zur effektiven Skalierung von FDD untersuchen, von der Anpassung der Teamstrukturen bis zum proaktiven Risikomanagement. Durch Investitionen in Automatisierung und kontinuierliche Integration können Unternehmen ihre Prozesse straffen und eine größere Effizienz bei ihren Entwicklungsbemühungen erreichen. Seien Sie dabei, wenn wir uns mit den wesentlichen Komponenten erfolgreicher Skalierungsstrategien in der FDD beschäftigen.

Die Skalierung von Feature-Driven Development (FDD) beinhaltet die strategische Anpassung von Teamstrukturen, um die zunehmende Komplexität und Größe von Projekten effektiv zu bewältigen. Bei FDD sind Feature-Teams von grundlegender Bedeutung, die jeweils für bestimmte Feature-Leistungen verantwortlich sind und so die Eigenverantwortung und Rechenschaftspflicht fördern. Diese Teams arbeiten eng zusammen und stellen sicher, dass der Entwicklungsprozess fokussiert, effizient und auf die Projektziele ausgerichtet bleibt.

Effektive Kommunikationsmechanismen sind bei FDD von entscheidender Bedeutung, um den Informationsaustausch, die Entscheidungsfindung und die Problemlösung zwischen verteilten Teams zu erleichtern. Regelmäßige Teamsitzungen, Fortschrittsaktualisierungen und der Einsatz von kollaborativen Tools wie Projektmanagement-Software und Messaging-Plattformen schaffen transparente Kommunikationswege.

Der Aufbau starker Kommunikationskanäle in FDD fördert eine Kultur der Transparenz und eine funktionsübergreifende Zusammenarbeit, die es den Teams ermöglicht, Probleme umgehend zu lösen und ihre Bemühungen auf das Erreichen von Projektmeilensteinen auszurichten. Die Bewältigung von Herausforderungen in der skalierten FDD erfordert proaktive Maßnahmen zur Aufrechterhaltung des Zusammenhalts, zur Lösung von Konflikten und zur Anpassung an sich verändernde Projektanforderungen.

Zu den Vorteilen der skalierten FDD gehören eine verbesserte Skalierbarkeit, eine optimierte Ressourcenzuweisung, geringere Entwicklungsengpässe und eine verbesserte Gesamteffizienz des Projektmanagements. Eine erfolgreiche skalierte FDD-Implementierung hängt von einer gut strukturierten Teamdynamik, klaren Kommunikationsstrategien und der proaktiven Bewältigung von Herausforderungen ab, was letztlich zu einer beschleunigten Projektabwicklung und besseren Ergebnissen führt.

Projektmanagementansätze für eine erfolgreiche Skalierung

Skalierungsstrategien in der funktionsgesteuerten Entwicklung (Feature-Driven Development, FDD) sind von zentraler Bedeutung für Unternehmen, die ihre Projekte effizient erweitern und dabei Qualität und Kohärenz beibehalten wollen. Eine der wichtigsten Säulen in diesem Bestreben ist die Einbeziehung der Stakeholder. Die Einbindung von Stakeholdern auf verschiedenen Ebenen stellt sicher, dass die Skalierungsbemühungen mit den übergeordneten Projekt- und Geschäftszielen in Einklang stehen. Ihr Beitrag und ihre Beteiligung liefern nicht nur wertvolle Erkenntnisse, sondern fördern auch das Gefühl der Eigenverantwortung und das Engagement für den Erfolg des Projekts.

Die Anpassung der Teamstrukturen ist ein weiterer wichtiger Aspekt der Skalierung von FDD. Wenn Projekte an Größe und Komplexität zunehmen, reichen die traditionellen Teamkonfigurationen möglicherweise nicht mehr aus. Es ist zwingend erforderlich, die Teamstrukturen neu zu bewerten und zu optimieren, um die Kommunikation, die Zusammenarbeit und die allgemeine Effizienz zu verbessern. Durch die Anpassung der Teamzusammensetzung an die sich entwickelnden Anforderungen des Projekts können Unternehmen die Herausforderungen der Skalierung besser bewältigen und gleichzeitig die unterschiedlichen Fähigkeiten innerhalb des Teams nutzen.

Ein proaktives Risikomanagement spielt eine entscheidende Rolle für eine erfolgreiche Skalierung. Die frühzeitige Erkennung und Bewältigung potenzieller Risiken kann Rückschläge verhindern, die andernfalls den Fortschritt behindern könnten. Durch die systematische Bewertung von Risiken, die Entwicklung von Strategien zur

Risikominderung und die kontinuierliche Überwachung und Anpassung von Plänen können Teams bei der Skalierung ihrer Projekte Unwägbarkeiten mit Zuversicht und Widerstandsfähigkeit bewältigen.

Iterative Planung und Terminierung sind von grundlegender Bedeutung für die Anpassung an den dynamischen Charakter skalierter FDD-Projekte. Anstelle starrer, langfristiger Pläne ermöglicht der iterative Ansatz Flexibilität und Reaktionsfähigkeit auf sich ändernde Anforderungen, Prioritäten und unvorhergesehene Umstände. Iterative Prozesse ermöglichen es den Teams, ihre Pläne auf der Grundlage von Feedback und neuen Erkenntnissen kontinuierlich zu verbessern und anzupassen, um sicherzustellen, dass das Projekt auf dem richtigen Weg bleibt und einen effektiven Wertbeitrag leistet.

Investitionen in Automatisierung und kontinuierliche Integration sind für die Rationalisierung von Entwicklungsprozessen in skalierten FDD-Projekten unerlässlich. Die Automatisierung reduziert den manuellen Aufwand, minimiert Fehler und beschleunigt die Bereitstellung von Funktionen. Die kontinuierliche Integration stellt sicher, dass Änderungen regelmäßig in die Hauptcodebasis integriert werden, was die frühzeitige Erkennung von Problemen erleichtert und einen nahtloseren und effizienteren Entwicklungsablauf fördert. Durch den Einsatz von Automatisierungs-

und kontinuierlichen Integrationstools können Teams die Produktivität, Qualität und Zusammenarbeit bei der Skalierung ihrer FDD-Projekte verbessern.

Durch die Umsetzung dieser Skalierungsstrategien können Unternehmen die mit der Ausweitung von FDD-Projekten verbundenen Herausforderungen meistern und nachhaltiges Wachstum und Erfolg in ihren Softwareentwicklungsbemühungen erzielen.

VIII. Die Zukunft der FDD gestalten

Aufkommende Trends bei FDD

Mit dem rasanten technologischen Fortschritt entwickelt sich auch der Bereich der Fehlererkennung und -diagnose (FDD) weiter und macht sich neue Innovationen zu eigen. In diesem Abschnitt werden wir untersuchen, wie künstliche Intelligenz, sich entwickelnde Frameworks, Tools zur Zusammenarbeit, Cloud-Technologien, agile Methoden und automatisierte Tests die FDD-Praktiken revolutionieren. Durch die Integration dieser hochmodernen Tools und Ansätze können wir die Flexibilität, Skalierbarkeit und Effektivität von FDD bei der Abwicklung größerer und komplexerer Projekte verbessern. Seien Sie dabei, wenn wir uns mit den spannenden Möglichkeiten befassen, die sich an der Schnittstelle von FDD und technologischen Fortschritten bieten.

Innovationen und Fortschritte, die die Zukunft von FDD prägen

Die Integration künstlicher Intelligenz (KI) revolutioniert die funktionsorientierte Entwicklung (Feature-Driven Development, FDD), indem sie die Entscheidungsprozesse optimiert und die Entwicklungszyklen rationalisiert. KI-

Algorithmen können historische Projektdaten analysieren, um potenzielle Verzögerungen und Ressourcenanforderungen vorherzusagen und Bereiche mit Verbesserungspotenzial zu identifizieren. Durch den Einsatz von KI können FDD-Teams fundierte Entscheidungen treffen, Herausforderungen vorhersehen und Ressourcen effizienter zuweisen, was letztlich zu besseren Projektergebnissen führt.

Da Softwareprojekte immer vielfältiger werden, ist die Entwicklung von Frameworks unerlässlich, um spezifische Projektanforderungen effektiv zu erfüllen. Diese Frameworks bieten maßgeschneiderte Methoden, Tools und Prozesse, die sich an den Projektanforderungen orientieren und es den Teams ermöglichen, komplexe Entwicklungslandschaften mit größerer Agilität und Präzision zu navigieren. Durch die Verwendung von anpassbaren Frameworks können FDD-Experten sich an einzigartige Projektherausforderungen anpassen, Innovationen fördern und qualitativ hochwertige Funktionen innerhalb der festgelegten Fristen liefern.

Das Aufkommen fortschrittlicher Kollaborationstools hat die FDD-Praktiken erheblich beeinflusst und eine nahtlose Kommunikation, den Informationsaustausch und kollaborative Arbeitsumgebungen gefördert. Diese Tools erleichtern die Zusammenarbeit zwischen Teammitgliedern in Echtzeit, erhöhen die Transparenz und fördern eine Kultur des kontinuierlichen Feedbacks und der Verbesserung. Durch die Integration fortschrittlicher Kollaborationstools in FDD-Workflows können Teams ihre Produktivität steigern, Entwicklungsprozesse rationalisieren und die Ausrichtung auf Projektziele effektiver gestalten.

Cloud-Technologien spielen eine zentrale Rolle bei der Skalierung und Verbesserung der Flexibilität von FDD-Verfahren. Durch die Nutzung von Cloud-Infrastrukturen und -Diensten können FDD-Teams auf On-Demand-Computing-Ressourcen zugreifen, Entwicklungsworkflows optimieren und die Zusammenarbeit zwischen verteilten Teams erleichtern. Cloud-basierte Lösungen ermöglichen eine nahtlose Integration, Ressourcenoptimierung und Skalierbarkeit und versetzen FDD-Teams in die Lage, sich an wechselnde Projektanforderungen anzupassen und Funktionen effizient bereitzustellen.

Die Einbindung agiler Methoden neben den FDD-Prinzipien kann Entwicklungsprozesse synergetisch beeinflussen und die Anpassungsfähigkeit, die iterative Entwicklung und die Zusammenarbeit mit dem Kunden fördern. Agile Praktiken legen den Schwerpunkt auf inkrementelle Entwicklung, regelmäßige Feedbackschleifen und kundenorientierte Entwicklung, was sich gut mit dem Fokus von FDD auf iterative Funktionsentwicklung und Wertschöpfung verträgt. Durch die Kombination von agilen und FDD-Praktiken können Teams eine Kultur der kontinuierlichen Verbesserung fördern, schnell auf sich ändernde

Anforderungen reagieren und qualitativ hochwertige Funktionen liefern, die die Kundenerwartungen effektiv erfüllen.

Die Integration automatisierter Tests in den FDD-Prozess ist entscheidend für die Gewährleistung der Softwarequalität, die Verringerung des manuellen Aufwands und die Beschleunigung der Funktionsbereitstellung. Automatisierte Testwerkzeuge und -verfahren rationalisieren die Testausführung, verbessern die Testabdeckung und erkennen potenzielle Fehler frühzeitig im Entwicklungszyklus. Durch die Automatisierung von Testverfahren können FDD-Teams die Testeffizienz verbessern, Fehler frühzeitig erkennen und stabile, qualitativ hochwertige Funktionen bereitstellen. Automatisiertes Testen ergänzt den iterativen Entwicklungsansatz von FDD und ermöglicht es den Teams, die Softwarequalität aufrechtzuerhalten, Feedback-Schleifen zu beschleunigen und schnell zum Projekterfolg zu gelangen.

Die Konvergenz von KI-Technologien, sich weiterentwickelnden Frameworks, fortschrittlichen Tools für die Zusammenarbeit, Cloud-Technologien, agilen Methoden und automatisierten Testfunktionen verändert die Landschaft der Feature-Driven Development. Der strategische Einsatz dieser Neuerungen kann die FDD-Praktiken unterstützen, die Zusammenarbeit im Team verbessern, die Entwicklungsabläufe rationalisieren und die Softwarequalitätsstandards anheben. Durch die Nutzung dieser Innovationen können FDD-Praktiker durch komplexe

Projektlandschaften navigieren, Innovationen vorantreiben und neue Möglichkeiten für eine effiziente und effektive Feature-Entwicklung erschließen.

Die Anpassung von Feature-Driven Development (FDD) an agile Konzepte stellt einen strategischen Ansatz dar, der die Flexibilität innerhalb von Softwareentwicklungsprozessen erhöht. Die Integration von FDD mit agilen Praktiken fördert die Zusammenarbeit, die Anpassungsfähigkeit und die Reaktionsfähigkeit auf sich verändernde Projektanforderungen. Diese Verschmelzung ermöglicht es Teams, Features effektiv zu priorisieren und gleichzeitig iterative Entwicklungszyklen und kontinuierliche Feedbackschleifen einzubauen, was einen dynamischeren und kundenorientierten Entwicklungsansatz fördert.

Die Investition in Automatisierungstools erleichtert die Implementierung von FDD erheblich, rationalisiert die Arbeitsabläufe und steigert die Produktivität. Automatisierungswerkzeuge spielen eine wichtige Rolle bei der Entwicklung, dem Testen und der Bereitstellung von Funktionen und ermöglichen es den Teams, qualitativ hochwertige Software effizient und pünktlich zu liefern. Durch den Einsatz von Automatisierung können Unternehmen manuelle

Fehler reduzieren, Entwicklungszyklen beschleunigen und die Projektergebnisse insgesamt verbessern.

Darüber hinaus stellt der Einsatz von Künstlicher Intelligenz (KI) zur Optimierung des FDD-Prozesses eine zukunftsweisende Strategie in der Softwareentwicklung dar. KI-Technologien können große Datenmengen analysieren, potenzielle Probleme vorhersagen, Optimierungen vorschlagen und Entscheidungsprozesse verbessern. Durch die Nutzung von KI-Funktionen können Teams die Entwicklung von Funktionen rationalisieren, die Ressourcenzuweisung verbessern und die Projekteffizienz insgesamt steigern.

Die zunehmende Bevorzugung von Feature-Driven Development in Projektmodellen spiegelt die Effizienz dieser Methode bei der Bereitstellung wertorientierter Softwarelösungen wider. Durch die Ausrichtung an den FDD-Prinzipien können Unternehmen einen strukturierten und disziplinierten Ansatz für die Softwareentwicklung fördern, der die funktionsorientierte Bereitstellung und kontinuierliche Verbesserung betont.

Die Einbindung von FDD in DevOps-Praktiken erhöht die betriebliche Effizienz durch die nahtlose Integration von Funktionsentwicklung, Bereitstellung und Überwachung. Diese Integration fördert die Zusammenarbeit zwischen Entwicklungs- und Betriebsteams, was zu schnelleren

Lieferzyklen, besserer Produktqualität und größerer Kundenzufriedenheit führt.

Wenn Unternehmen größere und komplexere Projekte in Angriff nehmen, wird die Skalierbarkeit von FDD unerlässlich. Zu den Strategien für die Skalierung von FDD gehören die Optimierung der Teamstrukturen, des Ressourcenmanagements und der Projektplanung, um den größeren Projektumfang und die höhere Komplexität effektiv zu bewältigen. Durch die Bewältigung von Skalierbarkeitsherausforderungen können Teams eine effiziente Feature-Entwicklung sicherstellen, qualitativ hochwertige Standards aufrechterhalten und Projekterfolge in größerem Umfang erzielen.

Empfehlungen für die Einführung von FDD

Begeben Sie sich auf eine Reise, um die verborgenen Potenziale von Feature-Driven Development (FDD) aufzudecken. Entdecken Sie, wie FDD Softwareentwicklungsprozesse revolutionieren, die Kluft zwischen traditionellen Methoden überbrücken und den Weg für erfolgreiche Projektimplementierungen ebnen kann. Erfahren Sie mehr über Erfolgsgeschichten aus der Praxis, Trainingsprogramme und

Strategien zum Aufbau agiler Praktiken mit FDD. Seien Sie dabei, wenn wir uns mit den Grundlagen von FDD befassen, aktuelle Prozesse bewerten, Einführungsstrategien planen, Teammitglieder schulen, FDD in einem Projekt pilotieren und durch Iteration zu skalierbarem Wachstum gelangen.

Strategien zur Förderung von FDD in der Industrie

Feature-Driven Development (FDD) ist eine Methodik, die nachweislich Softwareentwicklungsprozesse rationalisiert, indem sie sich auf die strukturierte und effiziente Bereitstellung von Funktionen konzentriert. Dieser Ansatz hilft Teams, Aufgaben zu priorisieren, Ressourcen effektiv zuzuweisen und die rechtzeitige Fertigstellung von Funktionen zu gewährleisten. Durch die Überbrückung von Lücken im Vergleich zu traditionellen Methoden ergänzt FDD herkömmliche Entwicklungsansätze, indem es einen klaren Rahmen für die Entwicklung von Funktionen bietet und gleichzeitig die nötige Flexibilität zur Anpassung an sich ändernde Anforderungen bietet.

Die Erfolgsgeschichten von FDD zeigen, dass die Methode in der Lage ist, erfolgreiche Projekte effizient und effektiv durchzuführen. Anhand von realen Beispielen von Projekten, die mit FDD durchgeführt wurden, können Teams die greifbaren Vorteile dieser Methodik in der Praxis sehen. Darüber hinaus spielen FDD-Schulungen und -Workshops eine wichtige Rolle für die erfolgreiche Einführung und

Umsetzung von FDD in den Teams. Diese Programme bieten die notwendige Anleitung und Unterstützung, um sicherzustellen, dass die Teammitglieder mit dem Wissen und den Fähigkeiten ausgestattet sind, die sie benötigen, um FDD in ihren Projekten effektiv anzuwenden.

Darüber hinaus macht die Kompatibilität von FDD mit agilen Praktiken es zu einem wertvollen Aktivposten für Teams, die ihre agilen Entwicklungsprozesse verbessern wollen. Durch die Integration von FDD-Prinzipien in agile Methoden können Teams mehr Effizienz, Zusammenarbeit und Anpassungsfähigkeit in ihren Entwicklungsabläufen erreichen. Darüber hinaus sind Strategien, die darauf abzielen, die FDD-Anwendergemeinschaft zu pflegen und auszubauen, für die Förderung des Wissensaustauschs, der Zusammenarbeit und der kontinuierlichen Verbesserung innerhalb der FDD-Gemeinschaft unerlässlich. Durch die Förderung einer starken Anwendergemeinschaft können Unternehmen die kollektiven Erkenntnisse und Erfahrungen nutzen, um Innovationen und hervorragende Softwareentwicklungspraktiken voranzutreiben.

Leitlinien für Organisationen, die FDD in ihre Prozesse einführen wollen

Die Grundlagen von FDD verstehen:

Für den Einstieg in die funktionsorientierte Entwicklung (Feature-Driven Development, FDD) ist ein grundlegendes Verständnis ihrer Kernprinzipien unerlässlich. FDD legt den Schwerpunkt auf die inkrementelle Entwicklung von Software-Features, die sich auf die Modellierung von Domänenobjekten, einen iterativen und inkrementellen Entwicklungsansatz und die Zusammenarbeit funktionsübergreifender Teams stützt. Vor der Umstellung auf FDD ist es wichtig zu wissen, wo Ihre aktuellen Prozesse stehen. Eine Evaluierung der bestehenden Praktiken hilft dabei, verbesserungswürdige Bereiche zu identifizieren und die Strategie für eine effektive Integration von FDD festzulegen.

Planung der Adoptionsstrategie:

Die Ausarbeitung einer klar definierten Einführungsstrategie ist von zentraler Bedeutung. Diese Strategie sollte klare Ziele umreißen, Rollen zuweisen, Kommunikationsprotokolle festlegen, den Schulungsbedarf definieren und einen Fahrplan für die Einführung erstellen. Um einen nahtlosen Übergang zu FDD zu gewährleisten, ist es wichtig, die besonderen Anforderungen Ihres Teams und Ihres Projekts zu verstehen und den Einführungsplan entsprechend anzupassen.

Mitglieder des Schulungsteams:

Die Ausstattung der Teammitglieder mit den erforderlichen Kenntnissen und Fähigkeiten für FDD ist von größter Bedeutung. Es sollten Schulungen, Workshops und

Ressourcen angeboten werden, um das Verständnis für FDD-Konzepte, -Methoden und -Tools zu vertiefen. Die Verbesserung ihrer FDD-Kenntnisse bereitet sie auf die Herausforderungen und Chancen vor, die mit der Einführung eines neuen Softwareentwicklungsansatzes verbunden sind.

Pilotierung von FDD in einem Projekt:

Die Einführung von FDD in einem kleinen Projekt dient als praktisches Testfeld für die Methodik. Dieses Pilotprojekt ermöglicht es den Teams, die FDD-Grundsätze in einer kontrollierten Umgebung anzuwenden, ihre Wirksamkeit zu bewerten und verbesserungswürdige Bereiche zu ermitteln. Die aus dem Pilotprojekt gewonnenen Erkenntnisse sind von unschätzbarem Wert für die Verfeinerung der FDD-Prozesse, bevor sie in vollem Umfang eingeführt werden.

Iteration und Skalierung:

Iterative Verfeinerung ist der Schlüssel zum Erfolg der FDD-Implementierung. Das Feedback aus dem Pilotprojekt sollte sorgfältig berücksichtigt werden, um die Prozesse zu verbessern, Herausforderungen anzugehen und Arbeitsabläufe zu optimieren. Wenn das Vertrauen in FDD wächst, ist die Ausweitung auf größere Projekte eine natürliche Entwicklung. Die Skalierung erfordert eine Anpassung der Teamstrukturen, der Ressourcenzuweisung und der

Projektmanagementansätze, um dem erweiterten Umfang gerecht zu werden und gleichzeitig sicherzustellen, dass die Wirksamkeit der FDD-Praktiken beibehalten wird.

IX. Schlussfolgerung und Zukunftsaussichten

Zusammenfassung der wichtigsten Einsichten

Wir begeben uns auf eine Reise in die Welt der Feature-Driven Development (FDD) und beschäftigen uns mit den wichtigsten Prinzipien, Phasen und Strategien für die Zusammenarbeit, die FDD zu einem leistungsstarken Ansatz für die Softwareentwicklung machen. Von der Bedeutung der Feature-Modellierung und des Designs über die Integration von FDD in bestehende Prozesse bis hin zum Qualitätsmanagement - dieser Abschnitt wird Sie mit dem Wissen und den Werkzeugen ausstatten, die Sie benötigen, um die Vorteile von FDD nutzen zu können. Erkunden Sie mit uns, wie FDD zu höherer Produktivität, besserer Softwarequalität, schnellerem Return on Investment, starker Teamzusammenarbeit, einfacher Fortschrittskontrolle und Skalierbarkeit in Ihren Entwicklungsprojekten führen kann.

Zusammenfassung der wichtigsten Erkenntnisse aus dem Buch

Feature-Driven Development (FDD) ist eine strukturierte Softwareentwicklungsmethodik, die sich auf die effiziente Bereitstellung von Features, die Verbesserung der Anpassungsfähigkeit von Projekten und die Gewährleistung der

Kundenzufriedenheit konzentriert. Um FDD umfassend zu verstehen, ist es wichtig, seine grundlegenden Prinzipien und Komponenten zu kennen. Im Mittelpunkt von FDD stehen die Modellierung von Domänenobjekten, die iterative Entwicklung von Funktionen und die Beibehaltung eines einheitlichen Rhythmus bei der Softwareerstellung.

Im Vergleich dazu bietet FDD Vorteile wie die Konzentration auf den Geschäftswert, die klare Verfolgung von Funktionen und die Priorisierung von Funktionen auf der Grundlage der Kundenanforderungen. Die Methodik ermöglicht es den Teams, komplexe Projekte in überschaubare Funktionsgruppen zu unterteilen, was die Klarheit erhöht und die mit der Entwicklung verbundenen Risiken verringert.

Die fünf Phasen der FDD beschreiben einen systematischen Ansatz für eine funktionsorientierte Entwicklung. Von der Entwicklung eines Gesamtmodells bis hin zur Planung, dem Design und der Erstellung von Funktionen trägt jede Phase zu einem rationalisierten und strukturierten Ablauf bis zum Projektabschluss bei.

Die Modellierung und das Design von Funktionen sind wichtige Komponenten der FDD und erfordern eine sorgfältige Identifizierung, Beschreibung und Priorisierung von Funktionen, um die Projektziele effektiv zu erreichen. Kollaborative Strategien betonen Teamarbeit und Kommunikation, um eine kohäsive Umgebung unter den

Teammitgliedern und Stakeholdern zu fördern und ein gemeinsames Verständnis und einen rationalisierten Entwicklungsprozess zu unterstützen.

Die Integration von FDD in bestehende Prozesse bringt Herausforderungen mit sich, die praktische Lösungen erfordern, um Methoden anzugleichen und einen reibungslosen Übergang zu gewährleisten. Das Qualitätsmanagement in FDD umfasst strenge Qualitätssicherungsmaßnahmen, intensive Testprotokolle und die nahtlose Integration von Testautomatisierungswerkzeugen, um die Zuverlässigkeit und Funktionalität von Softwareprodukten aufrechtzuerhalten und so die Kundenzufriedenheit und den Projekterfolg zu fördern.

Hervorhebung der Hauptvorteile der funktionsgesteuerten Entwicklung

Höhere Produktivität, bessere Softwarequalität, schneller Return on Investment, starke Teamzusammenarbeit, einfache Fortschrittsverfolgung und Skalierbarkeit gehören zu den wichtigsten Vorteilen der Verwendung von Feature-Driven Development (FDD) in Softwareentwicklungsprojekten. Der Schwerpunkt von FDD liegt auf der Aufteilung der Entwicklung in überschaubare Feature-Sets, was die Produktivität erhöht, da sich die Teams auf bestimmte Funktionen konzentrieren können, was die Komplexität reduziert und eine effizientere Arbeitsverteilung ermöglicht. Dieser gezielte Ansatz für die Entwicklung von Funktionen trägt auch zu einer besseren Softwarequalität bei, da jede Funktion vor der Integration gründliche Entwurfs-, Implementierungs- und Testprozesse durchläuft.

Der iterative Charakter von FDD sorgt für einen schnellen Return on Investment, indem funktionale Iterationen häufig geliefert werden und so kontinuierliches Feedback und Verfeinerung möglich sind. Darüber hinaus fördert FDD die Zusammenarbeit im Team durch offene Kommunikation, gemeinsame Verantwortung und kollektive Problemlösung, was zu einer kohärenten und produktiven Arbeitsumgebung führt. Die Fortschrittsverfolgung wird durch den funktionszentrierten Ansatz von FDD erleichtert, so dass die Teams den Status einzelner Funktionen und den Gesamtfortschritt des Projekts effektiv überwachen können.

Darüber hinaus ist die Skalierbarkeit von FDD ein bedeutender Vorteil für Projekte unterschiedlicher Größe und Komplexität, da sie einen Rahmen bietet, der an sich ändernde Anforderungen und wachsende Teams angepasst werden kann. Diese Skalierbarkeit stellt sicher, dass FDD sowohl für kleine Projekte mit begrenzten Ressourcen als auch für große Projekte, die eine umfangreiche Koordination und Verwaltung erfordern, effektiv eingesetzt werden kann. Folglich bietet die Implementierung von FDD einen umfassenden Ansatz, der nicht nur die Produktivität, Qualität und Zusammenarbeit verbessert, sondern auch eine

effiziente Fortschrittsverfolgung, eine schnelle Investitions-
rendite und die Anpassungsfähigkeit an die Projektskalie-
rung unterstützt.

Blick in die Zukunft

Mit dem rasanten technologischen Fortschritt entwickelt
sich auch die Rolle der Feature-Driven Development (FDD)
weiter. In diesem Abschnitt werden wir den Beitrag von
FDD zu agilen Entwicklungspraktiken sowie die Auswirkungen des technologischen Fortschritts auf die Methodik
untersuchen. Wir werden die Bedeutung von Anpassung
und Flexibilität in FDD erörtern und dabei auch auf potenzielle Herausforderungen und Verbesserungsmöglichkeiten eingehen. Indem wir den inkrementellen Fortschritt be-
grüßen, die kollaborative Entscheidungsfindung nutzen, effektive Kommunikationsstrategien implementieren, eine
angemessene Qualitätssicherung gewährleisten, FDD an
die Projektanforderungen anpassen und kontinuierliches
Lernen und Verbessern fördern, können wir die Effektivität
von FDD in der heutigen, sich ständig verändernden technologischen Landschaft steigern.

Die sich entwickelnde Rolle der FDD:

Feature-Driven Development (FDD) hat sich zu einem wichtigen Bestandteil der agilen Softwareentwicklungspraktiken entwickelt und bietet einen strukturierten Ansatz für die Bereitstellung von Funktionen innerhalb iterativer Entwicklungszyklen. Die Betonung auf der schrittweisen Bereitstellung konkreter Funktionen passt gut zu den agilen Grundsätzen und ermöglicht den Teams eine effiziente Anpassung an sich ändernde Anforderungen und Marktnachfragen.

Mit dem rasanten technologischen Fortschritt hat sich die FDD durch die Integration moderner Tools und Methoden weiterentwickelt. Der Einsatz von Plattformen für die Zusammenarbeit, Versionskontrollsystemen und automatisierten Test-Frameworks hat den Entwicklungsprozess verbessert und ermöglicht es den Teams, die Bereitstellung von Funktionen zu rationalisieren und die Produktqualität sicherzustellen.

Eine der Hauptstärken von FDD liegt in seiner Anpassungsfähigkeit und Flexibilität. Die Teams können ihre Prioritäten bei der Entwicklung von Funktionen auf der Grundlage von Feedback und sich ändernden Umständen anpassen und so sicherstellen, dass das Produkt den Erwartungen der Interessengruppen entspricht. Diese Flexibilität ermöglicht auch einen reaktionsschnelleren Entwicklungsprozess, der es den Teams ermöglicht, Probleme umgehend anzugehen und neue Ideen nahtlos einzubinden.

Trotz der Vorteile von FDD gibt es Herausforderungen bei der Aufrechterhaltung der Funktionskohäsion, der effektiven Verwaltung von Abhängigkeiten und der Gewährleistung einer konsistenten Kommunikation zwischen den Teammitgliedern. Um diese Herausforderungen zu meistern, können sich Teams auf die Verbesserung der Nachvollziehbarkeit von Funktionen, die Verbesserung der funktionsübergreifenden Zusammenarbeit und die Implementierung robuster Testprozesse konzentrieren.

Zu den Verbesserungsmöglichkeiten bei FDD gehören die Verfeinerung der Priorisierung von Funktionen, die Verbesserung der Kommunikation und Koordination innerhalb der Teams und die umfassendere Integration automatisierter Tests in die Entwicklungspipeline. Indem sie diese Bereiche angehen, können Teams ihre FDD-Prozesse optimieren und die Qualität und Effizienz der Funktionsbereitstellung verbessern.

Die wachsende Rolle von FDD in der agilen Entwicklung unterstreicht seine Bedeutung als wertvolle Methodik für die effektive Bereitstellung von Softwarefunktionen. Indem sie sich technologische Fortschritte zu eigen machen, die

Anpassungsfähigkeit verbessern, Herausforderungen angehen und Verbesserungsmöglichkeiten nutzen, können Teams FDD einsetzen, um erfolgreiche Softwareentwicklungsprojekte in der sich ständig verändernden Technologielandschaft voranzutreiben.

Handlungsempfehlungen für den erfolgreichen Einsatz der FDD-Prinzipien

Inkrementeller Fortschritt ist ein grundlegendes Prinzip der Feature-Driven Development (FDD), bei dem komplexe Aufgaben in überschaubare Teile zerlegt werden. Dieser Ansatz ermöglicht nicht nur kontinuierliches Feedback und Anpassungen, sondern vermittelt auch ein Gefühl der Errungenschaft, wenn Meilensteine erreicht werden. Durch die Zusammenarbeit bei der Entscheidungsfindung können Teams das vielfältige Fachwissen ihrer Mitglieder nutzen, was zu abgerundeten Lösungen führt und ein starkes Gefühl der Eigenverantwortung bei allen Beteiligten fördert.

Effektive Kommunikation ist das Lebenselixier eines jeden Softwareentwicklungsprojekts. Klare und offene Kommunikationskanäle stellen sicher, dass sich die Teammitglieder über Ziele, Fortschritte und Herausforderungen einig sind, was letztlich die Wahrscheinlichkeit von Missverständnissen und Verzögerungen verringert.

Die Qualitätssicherung spielt bei FDD eine entscheidende Rolle, da sie hohe Leistungsstandards aufrechterhält.

Regelmäßige Tests und Bewertungen von Funktionen gewährleisten nicht nur die Funktionalität, sondern schaffen auch Vertrauen und Zufriedenheit bei den Benutzern.

Die Anpassung von FDD an die Projektbedürfnisse beinhaltet die Anpassung der Methodik an die spezifischen Anforderungen des jeweiligen Projekts. Die Anpassung ermöglicht es den Teams, ihre Stärken zu nutzen, Schwächen zu beseitigen und die Arbeitsabläufe zu optimieren.

Die Förderung einer Kultur des kontinuierlichen Lernens und der Verbesserung ist für den langfristigen Erfolg unerlässlich. Durch die Förderung von Neugier, Experimenten und Wissensaustausch können Teams den Branchentrends voraus sein, sich an neue Technologien anpassen und Innovationen in ihren Projekten vorantreiben.